# 古代エジプト

## 失われた世界の解読

笹川博一

講談社学術文庫

# はじめに

ピラミッド、ミイラ、スフィンクス……。どれをとってみても、人類の偉大な過去に向かって無限の夢が開く。エジプト文化は、同じオリエントの東に咲いたメソポタミア文化に比べると華やかで、はるかに視覚的だ。そのためか、エジプト文化はそれを知るものにも、知らないものにも、その美しい門を惜しげもなく開いてくれる。

五千年以上前にエジプト人は文字を含む高度の文化を築いた。〝長い伝統〟を誇るはずのわが日本が歴史に登場するのは、エジプトが何度かの黄金時代と何度かの衰退期を経て、事実上その命を終わったあとだ。紀元後三、四世紀には、その文化も宗教も瀕死の状態にあり、エジプトの神々は東から来た〝新興宗教〟のイエス・キリストに舞台を譲りつつあった。七世紀にはさらに新興のイスラム教に主役を奪われ、言葉までがアラビア半島で生まれた、エジプトとはなんのかかわりもないものに変わった。

たかだか千数百年前のヤマタイコクがどこにあったか意見がまとまらない我々に、五千年前のエジプトがどれだけ分かっているのだろうか。この本はその疑問に答えようとするものである。しかし、一つの世界ともいうべきエジプト文化、文明、人々、生活のどれだけが説明できるものかは分からない。

我々のエジプトについての知識のほとんどは墓から出ている。死後にもこの世の生活の続きとしての来世があることを信じたエジプト人たちは、豊かな来世を保証するためにあらゆる努力を惜しまなかった。

しかし、それを保証するためには金も暇もかかる。来世でも使うために、この世で何十年かお世話になった肉体を保つには、それをミイラにしなければならない。そのためには高度な専門家のチームを七十日間にわたって拘束しなければならない。それだけでも誰にでも出来る仕事ではない。墓を作るにはそれ以上の暇と人手がかかったに違いない。それに加えて、墓に納める副葬品がある。

こうした準備が出来た人々は高い身分にあり、相当の経済力を持っていた。それは人口全体からすればほんのひと握りの王たちであり、高官たちだった。そのほかの一般庶民についてはほとんど何も分かっていない。エジプト経済を支えた農業の担い手たち、ナイル渓谷、デルタ地帯で耕作していた人々が何を考え、何を信じ、何を望みとし、どんな家庭生活を送っていたかについてはほとんど知るところがない。

また戦争があっても戦勝碑を書ける王たち、将軍たちについてはある程度知っているが、実際に弓を引き、槍をもって闘った兵たちについては何も分からない。こうした我々の知識が完全なものでないのは疑いもない。ツタンカーメンの黄金の仮面はあまりに有名だが、その仮面を作る金を荒野で、飲む水にも困りながら掘り出した鉱夫たち、それを精錬した者たち、彫刻師などは歴史の中に埋もれてしまった。

問題はまだある。これも我々の知識の基盤が墓であることに起因する。五千年後の考古学者たちが我々の時代のマンモス・ビジネス・ホテルをいくつか掘り出し、他の情報源がなかったとしたら、どんな想像をするだろうか。その報告書には、

「二十世紀末の日本では男女の人口バランスが取れず、男性の方が著しく多かった。子供の数は極端に少なく、そのため文化は衰退期にあったものと思われる。

居住条件は悪く、一人あたりの居住面積は十数平方メートルを出ない。ほぼ完全な共産制がしかれていたと思われ、食事はコミュニティー全体の責任で供給されたらしい。

発掘現場で発見された文書類を見ると、文化程度はさして高くないが、何らかの形での経済活動がかなり活発に行なわれていたものと思われる」

などと書かれるに違いない。

我々のエジプトに対する知識がこれほどまでに的外れとは思わないが、情報源が狭く、片寄っている点は認めなければならない。

問題はさらにある。かなり後期になるまで、どの王がどの王の前、あるいは後に来るか、という内的時間関係は比較的よく分かるのだが、絶対年代が決められない。北を海に、東西を砂漠に、南をナイルの急流地帯に囲まれたエジプトはかなりの程度に孤立していた。その点で外的接触の多かったメソポタミアとは性格を異にする。したがって特に本書の歴史の章

にあげた年代は相対的なものと考えざるをえない。研究者の間でも数十年の違いは普通のことだ。

我々のエジプト語理解にも問題がある。エジプト語は一度は完全に忘れられた言語であり、コプト語という子孫を除けば直接関連する言葉がない。確かにエジプト語が属するハム語とセム語との関係はある程度裏付けられるが、それでもインド・ヨーロッパ語やセム語のように比較的関係の強い言葉がたくさんあって、その枠内で新しい言葉が発見されればほとんど完全に理解できる、というようなものではない。セム語の枠内で発見された、これまた失われた言語であるアッカド語、ウガリット語に対する我々の理解度はエジプト語に比べるとかなりの程度に高い。

知り合いのアッカド学者は非常に憶えにくいアッカド語のくさび形文字と、憶えやすい象形文字を使いながら分かりにくいエジプト語を評して、「アッカド語は読めないが分かる。エジプト語は読めるが分からない」と言った。これは一面の真理である。

またエジプト語が子音しか書かないのも我々の理解を妨げている。その点ではセム語の多くも同様だが、それでもセム語にはアッカド語、ゲエズ（古代エチオピア語）のように母音を表記するものがあるし、アラビア語、ヘブライ語、シリア語のようにしっかりした伝統的理解のあるものが存在する。たとえばセム語で今後動詞の新しい時制が発見される可能性はほとんどないが、エジプト語ではそれがいつ起こってもおかしくない、との印象を受ける。

数年前のエジプト学会で、ある動詞がどの時制であるかについて学者の間で水かけ論が行なわれたことがあった。こんなことはセム語ではまず起こらない。とは言っても文書を読んで理解することが出来ないほどに我々の理解が浅いわけではない。だが現在でも、ニュアンスの違いから同じ原文に対していくつかの訳が出て来てもおかしくはない、という程度までにしか我々の知識は達していない。

エジプトはナイルの流れに支えられた農業国だった。水は十分にあり、天気はよく、気温は高い。しかも毎年起こる洪水で肥料の心配がいらないナイル渓谷とデルタ地帯は農業にとっての天国だ。とは言え、洪水を効果的に利用するためには、きちんとした水路システムを作っておかなければならない。そのためには広域にわたる政権を必要とする。こうした条件が古代としては例外的に人口の集中度が高い、豊かな社会を作り上げた。

豊かな経済と、その富を一ヵ所に集めた中央政権は高い文化を作り出した。それは宗教であり、建築、文学、戦争など人間のあらゆる活動分野を含むものだ。特に大規模な建築は現在までその美しさ、壮大さを失っていない。金属と言えば柔らかい銅しかなかった時代にも、堅い花崗岩を自由に使った彫刻がある。日本にも来たツタンカーメン王の遺物の美しさは我々の育てたプラスチック文化の貧しさを暗に指摘しているようにさえ見える。本書はそのエジプトを出来るだけバランスの取れた形で紹介しようとしている。どれだけその試みが成功したかは読者に俟《ま》つしかないのだが。

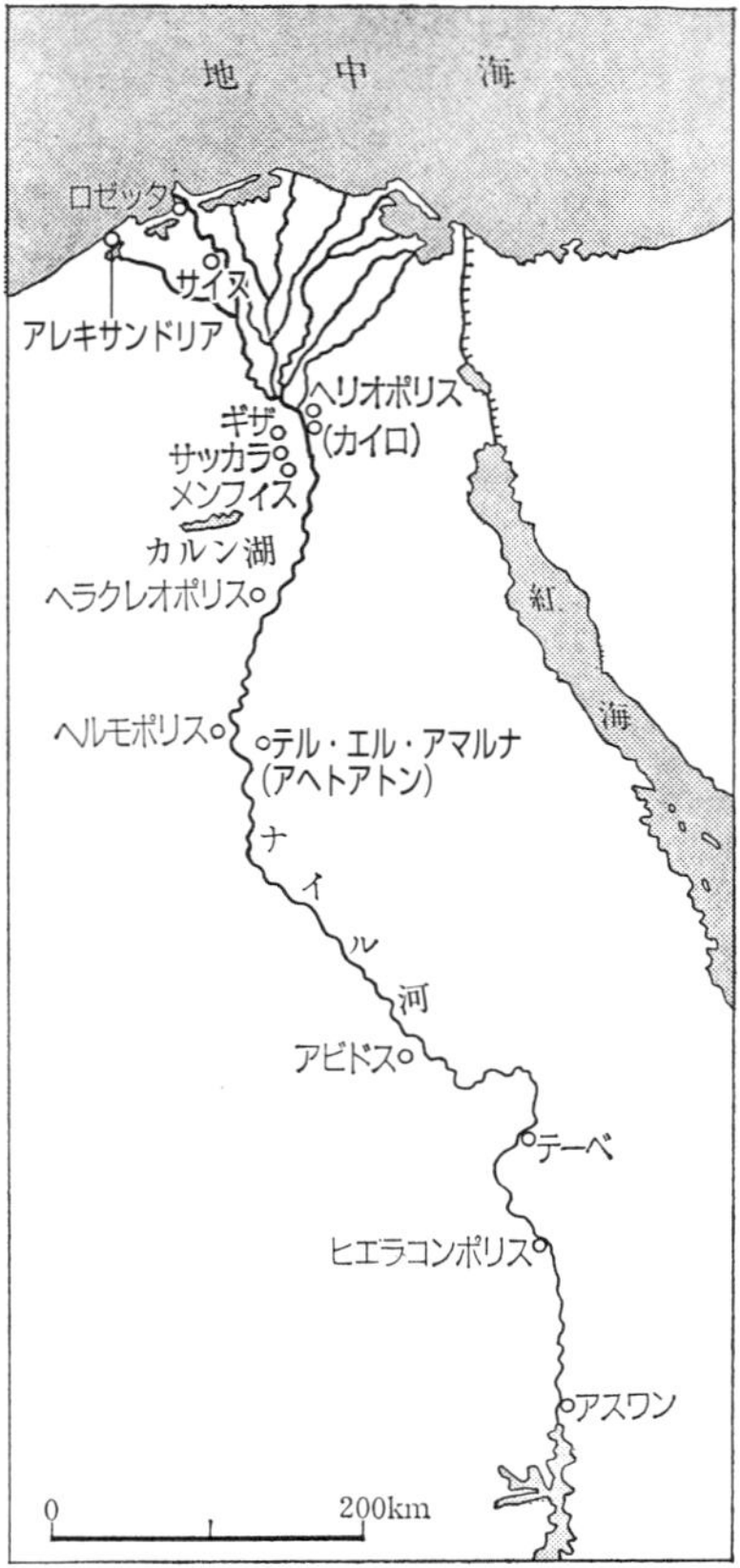

地中海
ロゼッタ
アレキサンドリア
サイス
ヘリオポリス
(カイロ)
ギザ
サッカラ
メンフィス
カルン湖
ヘラクレオポリス
ヘルモポリス
テル・エル・アマルナ
(アヘトアトン)
ナイル河
アビドス
テーベ
ヒエラコンポリス
アスワン
紅海
0
200km

# 目次

# 古代エジプト　失われた世界の解読

引用文中の〔　〕内は、笈川の注。
また、エジプト語文献の翻訳は、特にことわりのないものは笈川による。

# 第一章　古代エジプトの国土と人々

## ナイルのもたらす世界

エジプトは北回帰線付近から、北緯三十一・五度あたりで地中海に会うまで続く、極端に細長い国である。現在のエジプトは東西に厚みを持っているが、ナイル流域以外はまったくの砂漠だ。この砂漠は現在でもあまり利用できないが、古代には鉱物資源以外にはなんの価値もない失われた土地だった。したがってその国土は糸のように細く、日本で言えば西表島《いりおもてじま》から種子島《たねがしま》くらいの位置と距離になり、その真ん中をナイル河が流れている。「エジプトはナイル河の賜物」と言ったのがギリシャの歴史家・旅行家ヘロドトスであるのはよく知られている。この有名な言葉は『歴史』の巻二、第五節にある。その少し前から引用してみよう。

この王〔エジプト初代の人間王、ミン（＝メネス王）〕の時代には、テバイ州を除いてはエジプト全土が一面の沼沢地で、現在モイリス湖の下方（北方）に当る地域一帯は、今日海からナイル河を遡航して七日間を要する距離にわたっているが、当時は全く水面下に沈んでいたという。

エジプトの国土に関する彼らの話はもっともであると私にも思われた。というのは、いやしくも物の解る者ならば、たとえ予備知識を持たずとも一見すれば明らかなことであるが、今日ギリシア人が通航しているエジプトの地域は、いわば（ナイル）河の賜物ともいうべきもので、エジプト人にとっては新しく獲得した土地なのである。（岩波文庫、松平千秋訳）

モイリス湖とは現在のカルン湖だろうから、多少の間違いを計算にいれるとすれば、ヘロドトスが言った「ナイル河の賜物」とはカイロの北に広がっているデルタ地帯の形成であるのが分かろう。しかもこのデルタ地帯は、ヘロドトスの生きた古代世界では有数の穀倉地帯だった。大変な賜物ではある。もっともヘロドトスを信ずるとすれば、紀元前四千年期にはまだデルタがなかったことになり、現在の常識には明らかに反する。

しかしエジプトがナイル河の賜物であるというのはヘロドトスが言ったよりはるかに大きな意味がある。この意味を知るにはエジプトの地を南北に飛行機で飛んでみるのが一番だ。ナイル河の東西には狭く黒い土があり、そこは緑に覆われている。その外側は赤い砂漠が、飛行機の上からでさえ、目の及ぶ限り続く。黒は生命の世界、赤は死の世界だ。古代エジプト人は黒をケメト、赤をデシェレトと呼んだ。ケメトは当時のエジプト国名でもある。

| | | |
|---|---|---|
|  | ケメト | エジプト（黒い） |
|  | デシェレト | 砂　漠（赤い） |
| 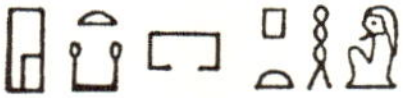 | ヘトカアプタハ | メンフィス（プタハの魂の家） |

国名といえば、現在の「エジプト」という名前はギリシャ語のアイギュプトス（Αἴγυπτος）から来ている。このギリシャ語はエジプト最古の首都、ヘトカアプタハ（メンフィスのエジプト名「プタハの魂の家」の意）から来ているらしい。

この〝黒い世界〟を作ったのがナイル河だ。ナイルがエチオピアなどからはるばる運んでくる有機物を含んだ微粒子が作り上げた生命の世界だ。現在に至るまで、この黒の世界なしにエジプトという国家の存在はありえない。したがって〝ナイルの賜物〟とは、彼が意味したであろうデルタの生成というにとどまらず、エジプトの生命そのものを指している。

## 灌漑と農地の拡大

何万年も昔、ナイルの周りに広がる地域は緑に包まれていたという。当時のナイルとその流域は湿地帯で、魚と水鳥のほかにはワニとカバの世界だった。ところが北アフリカは次第に乾燥化を始め、森林が枯れてステップ地帯になり、ステップが砂漠に変わった。砂漠化に追われた人間たちはナイル渓谷に降りざるを得なかった。

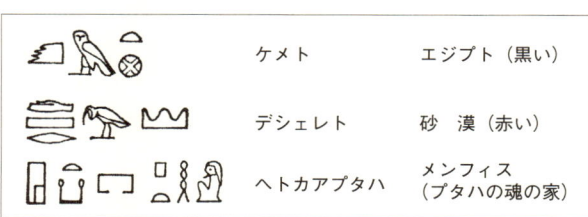

それまで狩猟・採集と遊牧が経済の中心だった人間たちにとって、ナイル渓谷は農業の天国だった。気温は高く、ほとんど雨はない。しかも水はすぐ手近に無尽蔵にあり、肥料はナイルがはるばる南の山地から運んでくる。一年に一度、ほぼ間違いなく水位が上がって氾濫するナイルは上流から運んできた肥料をまんべんなくその流域にほどこし、水が引いた後には肥沃な耕地を残す。こうした環境の新世界に進出した人間が農業を学ぶにはあまり時間がかからなかったらしい。中期旧石器時代の遺跡からは鎌が出土している。鎌は当然農業を前提とする。狩猟・採集と並んで始まった農業が経済の中心を占めるまでにたいした時間はかからなかったろう。

それ以来現在まで数千年続いた集約的な農業活動はナイル流域の自然をほぼ完全に破壊した。森林はおろか、木や雑草の生きられる土地は徹底的に農地に変えられたためである。古代エジプトの時代ですら、すでに材木にすべき木はなくなっていた。イチジクやアカシアの木がせいぜいで、それも群生はしていなかったらしい。したがって神殿用の船の用材など優秀な木材は、主としてレバノンから輸入された。輸入材はコストが高いため、普段用の船はアカシアのような劣材で作られていた。しかしそのアカシアすら、本国産では足りなくて、南のヌビアから持ってきた、という記録がある。

現在のカイロでは、昔ながらの方法で作ったパピルスに絵や象形文字を描いて土産物として売っているが、この事業を始めるときにパピルスの元株を探すのが一苦労だった、という。かつてナイル流域、デルタ地帯を問わず、広い地域を埋め尽くしていたパピルスすら探すのに苦労する状態になってしまっている。とにかくパピルスは大量に生産、輸出され、後の〝ペーパー〟、〝バイブル〟などの語源となり、レバノンにあったこの商品の集散地に〝ビブロス〟の名を与えたくらいのものだ。

もっとも以上の記述からエジプト人の生活が楽なものであった、と考えるのは間違いであろう。半狩猟、半農業時代は別として、農業を本格的に行ない、その結果人口が増えてくるにしたがって、その人口を支えるべき農業労働はきびしいものとなった。特に大変なのは洪水を迎える時期、水が引いた時期であった。水路を掘り返し、水が無駄に逃げないようにダムを作らなければならないが、この時期の土は乾ききっていて固い。水がとどかない地域の畑は人力で灌漑《かんがい》しなければならない。こうした灌漑工事は広範な地域に行なうほど効率が高いが、それには大規模な集団労働を可能にする機構が必要だ。これがかなり早い時期にナイル渓谷に統一王国をもたらした理由の一つだろう。したがってこれは、ギリシャのような個人の活躍する世界ではなく、一人一人の国民がファラオを頂点とする国家機構の小さな歯車にならざるを得ない世界だった。

大英博物館にランシングと名付けられるパピルス九九九四番がある。第二十王朝のもので、書記学生の練習帳であったらしく、間違いも多い。その中に「書記の勧め」とでも名付けられるべき詩がある。その一部が農民の生活を扱っている。散文に訳出してみよう。

もう一つのきつい職業、農民の状態について説明しよう。洪水が来るとビショぬれになり……農具の手入れをする。昼は農具を研ぎ（?）、夜は縄をなう。真昼にも畑で働く。まるで戦士のように装具を整えて畑に向かう。乾いた畑が前にある。彼は牛を取りに行く。牛飼いのあとを何日もついていき、やっと牛を借りて帰ってくる。畑に牛の小屋を作る。しかし夜明けに仕事をしようと行ってみると、牛は見つからない。三日間探すと、沼地で見つかる。皮もない。ジャッカルが食べてしまった。衣を手に帰り、また牛を借りる。畑に帰ると……。耕すと蛇がついてくる。種をまくと蛇が食べてしまう。芽が出ない。三度耕して、借りた種をまく。妻は商人のところに行くが交換するものがない。書記が河岸に上陸した。部下は棒を持ち、ヌビア人は棍棒を持っている。「穀物を出せ」という。「ありません。」ひどく殴られる。縛られて頭から井戸に投げ込まれる。妻は彼の前で縛られる。子供たちには足かせがかけられる。近所の人たちは見捨てて逃げてしまう。すべてが終わると、穀物はない。もしお前たちに頭があるなら、書記になれ。農民について学んだあとでは農民にはなれまい。それを覚えておけ。

これは怠けがちな書記学校の生徒への訓戒として書かれたものであり、多少の誇張はあるだろう。しかし楽な仕事ではなさそうだ。エジプトと言えば我々の目に浮かぶのはその高度な文明、文化だが、それを支えていたのは農業である。この詩の中にも出てくるように、年貢の取り立てはきびしかったろう。洪水が起こらない年もある。もっともそうなれば、困るのは農民だけでなく、王国全体となるのだが。

| | | |
|---|---|---|
|  | ヘンティ | 南へ行く（河を遡る） |
|  | ヘディ | 北へ行く（河を下る） |

## 南北の統一

生命の黒い世界の真ん中を流れるナイルは、灌漑と肥料問題を解決したばかりか、格好の交通手段を提供した。古代エジプトは北の地中海から南のアスワンまで千二百キロにも及ぶ細長い国だ。この細長い土地に中央政権が生まれ、かつ存続できたのにはナイルという交通手段を除いては考えられない。特に紀元前十七世紀頃まで車輪を持たなかったエジプト人にとってナイルの水利なしには、中央政権どころか、毎日の生活にもさしつかえたことだろう。ましてやピラミッドに代表される大建築の石材運びなどは不可能だっただろう。

ナイル渓谷はほとんど常に北風が吹いている。このためエジプト語で「南へ行く」、つまり「河を遡る」を表す文字ヘンティは、帆を張った船の形が文字になったものだ。逆はヘディで帆を降ろした船になる。河を下るにはなんの苦労もない。舵さえ取っていれば、流れと共に下ることができる。

生活のすべて、というよりは世界そのものが南から北に流れるナイル河と結びついていたため、逆に北から南に流れる河に接したときには説明に困った。トトメス一世の石碑には南に流れるユーフラテス河の叙述があるが、そこには「南へ行く（遡る）ために北へ行く（下る）河」と書かれている。

エジプトの母なるナイルは、二つの河がスーダンの首都、ハルトゥーム近くで合流している。一つははるか南のビクトリア湖に始まる白ナイル、もう一つがエチオピアのタナ湖から流れ出る青ナイルだ。この合流地点からアスワンまでの間、十ヵ所に急流地帯がある。堅い花崗岩と砂岩地帯なので、悠久のナイルも削りきれなかったのである。

ここを船で越えるのは困難であること、渓谷はこのあたりで非常に狭くなって農業に使えないこと、の二つがあいまって、この急流地帯がエジプトの歴史的な南限となった。一番北の、十キロメートル以上続く第一急流地帯は現在のアスワンの南にあるが、それを過ぎると砂岩はより柔らかい石灰岩に替わる。そのために浸食が楽になるので、ナイル渓谷は急に広がりを見せ、農耕地帯に入る。こうしてできたナイル渓谷は著しく退屈な風景を現出する。広い河筋はどちらの側にも農耕地帯が続く。

その農耕地帯は東か西に進むと、時に二百メートルもの高さに及ぶ壁で終わる。壁の向こうは砂漠という名の赤い死の世界だ。渓谷のどこを切っても同じ風景が続く。地中海性気候のおかげで冬には雨が降るデルタ地帯を除けば、南部は一年中ほとんど降水がない。こうした単調さはエジプト人とその文化に大きな影響を与えた。保守的で変化を求めないその芸術、数千年間も同じ象形文字を使った言語などはその証拠だろう。

ナイル河のエジプト部分は、中部アフリカの雨を集めて六月に増水を始める。増水は十月まで続き、その後水量が少なくなり、五月には最低となる。水量がもっとも多くなる九月、十月が洪水の季節だ。古代には七、八メートルの増水が理想的と考えられていたらしい。それ以下だと灌漑される面積が少なくなり、より高地の畑に水を送る水路が満たされない。そうなれば翌年の農作業にさしつかえ、収穫量が減少して、飢饉になる。反対に増水がそれ以上だと、水路は破壊され、水のつかない高台に建てられている町までが水をかぶる。このためナイルの増水は国民全体の関心の的であり、流域のあちこちに水位塔が建てられ、国家の役人が詰めていた。

この洪水が持ってくる肥料分と水分こそがエジプト人の命だった。国土（砂漠は国土と考えられていなかったので、耕作可能な土地）の総面積は約三万一千平方キロで、四国よりは大きいが、関東地方よりは少し小さい。この小さな国が高い文化を持つ大帝国たりえたのはナイルに育まれた農業生産のおかげである。

ドイツのエジプト学者エルマンは古代エジプトの人口を約五百万人と推定しているが、かりにそれが正しいとすると、人口密度は一平方キロ当たり百六十人余となり、現在のヨーロ

| | | |
|---|---|---|
| 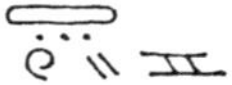 | タアウィ | 二つの土地（エジプト） |
|  | ヘジェト | （上エジプトの）白冠 |
|  | デシェレト | （下エジプトの）赤冠 |
|  | セヘムティ | 組み合わせ冠 |

ッパでそれより密度が高いのはオランダ、ベルギー、イタリアなど、人口密度が極度に高いことで知られている数ヵ国にすぎない。古代としては驚くべき数字である。

洪水なしには農業がなく、農業なしには余剰人口がなく、余剰人口がなければ文化もない。したがってエジプト人は洪水をハアピィと呼んで神格化した。豊穣の神らしく、女性の乳房を持った髭《ひげ》の神だが、腹は満腹を象徴するかのように張っている。頭には水草を冠のようにかぶった姿だ。エジプト人が年の初めを九月半ばの増水期に設定したのは偶然ではない。

エジプトは古代から上エジプトと下エジプトの二つの地域に分れている。前述のケメト（黒い）のほかにタアウィという言葉がエジプトを示すが、これは「二つの土地」という意味だ。現在のカイロ近辺から南部が上エジプトで、国家統一前の南部の王はヘジェトと呼ばれる白い冠をかぶっていた。それ以北のデルタ地帯が下エジプトで、冠は赤いデシェレトである。神話の世界では上エジプトはホルス神、デルタ地帯はセツ神の領域で、この二柱の神は統一統治をかけて凄惨な争

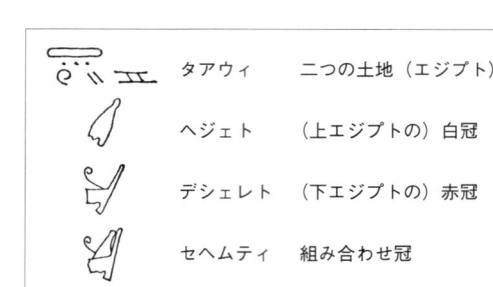

いを起こす。

その二つの地域が歴史時代直前に統一されたらしいが、統一王朝の冠は二つの冠を組み合わせた物で、セヘムティと呼ばれる。神殿などのレリーフや彫刻には南部の象徴パピルスと、北部の蓮の花を紐でくくって統一を示しているものがある。この統一王国は、時代によってちがうが、普通四十余の行政単位に分けられていた。

古代には上エジプトの方が先に農業化された。下エジプトのデルタ地帯は主に沼沢地で、農業に適するまでに乾燥するにはかなり長い時間がかかった。古王国時代にはデルタ地帯は主に家畜の放牧場として使われていたらしい。新王国時代になるとデルタ地帯の開発が進み、特にその東部はシリア・パレスチナにつながる地域として重要性を増す。西部地方は長い間リビア人の手にあった。しかし紀元前七世紀にはデルタ西部のサイスが首都となり、ヘレニズム時代にマケドニアのアレクサンドロス大王の手でアレキサンドリアが建設されてからはほぼ千年にわたって全エジプトの中心となった。

## 言語と人種

こうしたナイル渓谷の東西は砂漠だ。西側にはリビア砂漠が広がり、さらに西のサハラ砂漠の虚無につながる。この地域はナイル河に沿って南北に点在する少数のオアシスを除いて、エジプト人には無縁の地だった。それに反して東側のアラビア砂漠は金をはじめとする金属、宝石などを産する重要な地区として、非常に古い時代から探検、採掘の対象となっている。スエズ湾を越えたシナイ半島にはトルコ石の鉱山があり、現在はイスラエル領になる、紅海に面したエラトには銅山とその精錬工場があったほどだ。どちらにも小さいながらエジプトの神々を祭った神殿がある。

現在のエジプトには約八千五百万人が住む。大部分はイスラム教徒だが、約八百万人はキリスト教の一派、コプト教徒だ。

エジプト人は二度にわたって宗教を替え、言葉を一度替えた。古代エジプトの宗教は紀元後二、三世紀のキリスト教の進出で、その数百年後に死に絶えた。キリスト教はヘレニズム世界の共通語、ギリシャ語と共にエジプトに入ってきたが、アレキサンドリアなど大都市をのぞいてギリシャ語が一般の人々に影響を与えた形跡はない。象形文字やその簡便化された文字で書かれてきたエジプト語は、はるかに簡単で文字の数も少ないギリシャ文字で書かれるコプト語に替わった。したがってコプト語は明らかに古代エジプト語の子孫である。このあたりは漢字から平仮名に変化した日本語と似ているかもしれない。

しかし七世紀、イスラム教の怒濤のような大拡張期になると、全エジプトが比較的短い時間にイスラム化された。この改宗運動はキリスト教の時よりも徹底したもので、わずかなコプト教徒を残したものの、エジプト人の大部分がイスラム教徒となり、言葉はアラビア語に取って代わられた。コプト教徒たちは、建前上は現在でもコプト語で聖書を読み、祈るが、日常生活はすべてアラビア語で、コプト語自体は数百年前に死語となってしまった。これで数千年間続いたエジプト語は死に絶えた。

エジプトはヘレニズム時代、イスラム時代はもちろんのこと、古代にも外国王朝の支配を受けたことがある。したがって多くの外国人が移住し、宗教、文化、言語的な影響を与えたのは疑えない。しかし人種的に見るかぎり、それは大海の一滴であったろう。また外国人の移住はアレキサンドリア、カイロなどの大都市が主なものであり、農村地帯は古代以来手が付けられなかったと考えられる。したがって現在のエジプト人の大部分は古代エジプト人の直接の子孫であろう。

しかしこの古代エジプト人がどこから来たかは分からない。言葉から見るかぎり、古代エジプト語は北アフリカから西アフリカにひろがるハム語族に属する。このハム語族内諸言語の相互の親近性は、インド・ヨーロッパ語族、セム語族などに比べるとはるかにゆるく、語族としての形成が古いことを暗示している。

一方フランスのダビッド・コーヘン、ソ連のディアコノフのように、セム、ハムが同根である、という説を採る者もある。この場合、セム・ハム語族が西アジアのどこかに発生して、一部がアフリカに渡った、という可能性も出てくる。この説の多くはアラビア半島をセム語の発生地と考えるのが普通だ。現に海を越えたエチオピアには、古代のゲエズなどセム語に属する言葉が存在した。それよりもずっと古い時代にセム語から枝分れしてアフリカに渡った言葉がハム語ということになる。分れた時代が古ければ古いほど相互の差が大きくなるのは当然だ。

逆に北西アフリカに発生した民族が徐々に東に移住し、移住の途中で一部がアフリカに残った、という考え方も出来る。このエジプトなどのアフリカに残った部分がハム語族、ということになる。しかしどちらの説も、現在の我々の知識では検証できない、という点では似たようなものだ。

人種について、初めは方々から、北アフリカの乾燥に追われてナイル渓谷に逃げ込んで来た多くの人種が混血し、それがほとんどそのまま現在まで続いている、と前述した。しかしナイル渓谷に人間が住み始めてから、一回だけ外部からの大きな影響があった可能性がある。これは紀元前四千年期の末に、統一王国が出来る前夜のことだ。エジプトはこの時期の数百年間に猛烈な勢いで変化を遂げたらしい。

政治的には、それまでナイル渓谷にあった中小土侯国が短期間に南北二つの王国にまとめられ、それがさらに一つに統一された。技術的には、墳墓を中心とする建築が前時代とは比較にならないほど大規模になる。文化的には、字が書かれるようになった。それもメソポタミアに比べるとその発展のスピードが速い。誇張して言えば、「ある朝、突然文書があった」と言えるほどである。

この不思議な現象は、当時のエジプトはあらゆる面での成熟が過飽和の状態にあり、おそらくは少し前に発達したメソポタミアの刺激を受けて急速に結晶化した、と説明することも出来よう。もう一つの可能性は、この時期に外部からの圧倒的な侵略があったことである。この侵略者たちが言葉を含む文化、技術、政治を決定した、という可能性は残されている。しかしこの二つの、あるいはそれ以外の可能性のどれが実現したのかは、現在の我々には知るすべがない。

# 第二章　古代エジプトの歴史

## 三十一の王朝

古代エジプトの歴史は、紀元前四千年期の終わりに彼らが文字を書き始めたときに始まった。もちろんこれ以前に長い先史時代があるが、本章の範囲からは外れる。終わるのはアレクサンドロス大王による世界征服の時だろう。それ以降のエジプトは、それまでとは全く違ったヘレニズム文化の時代に入った。言葉すらエジプト語が背景に退き、ギリシャ語が台頭してくる。その期間は三千年近い。民族の歴史の中でももっとも長いものの一つだ。それを以下に抄述しなければならないのだが、ごく外観をなぞった不満足なものとならねばならないだろう。

現在イタリア・トリノのエジプト博物館に残るパピルスを書いたラアメス時代の無名の書記と、プトレマイオス時代の神官、マネトの二人はエジプトの王たちの名前を年代順に残してくれた。さらに、有名なラアメス二世の父、セティ一世の葬祭殿にもファラオたちのリストがあり、シチリア島のパレルモなどに残る石碑もこの点で我々を助けてくれる。しかしこうした資料はいずれも断片的であり、相互に矛盾する点も多い。また統一王朝が失われた時期に複数の王朝が並存すれば一方を無視したり、アマルナ宗教革命を起こしたイクナトンのような異端の名を削ったりもしている。そうした意味からこれらを別の資料で補足しなければならない。

高官たちの墓にある自叙伝風墓碑、行政文書などはこの穴を埋めるのに役立ってくれる。また文書の中にその時の星の位置関係などがあれば、かなり確実にその絶対年代を決められる。またほかの古代東方社会との間で条約が結ばれたり、戦争が行なわれたりすれば、これも比較の対象になろう。しかしこうした作業は全体の絵がボンヤリしたままで、数が足りない、巨大なジグソー・パズルを完成させようとする努力に似ている。したがって書かれた歴史書の数だけの、絶対年代と解釈のバリエーションがあるのが現状だし、これからも新しい資料が発見されてエジプト史の細部が書き換えられる可能性は高い。いずれにしても、紀元前十六世紀頃までの絶対年代はあまり信頼のおけるものではなく、数十年の狂いは覚悟しなければならない。むしろエジプト史の中における相互の関係を示してくれる相対年代と見るべきだろう。

これらの資料のうち一番新しいマネトは紀元前三世紀のものだが、そこでは、その歴史を神々の時代から始め、エジプトが統一された、と考えられる紀元前四千年期末からマケドニアのアレクサンドロス大王に征服される紀元前三三二年までの王たちを三十の王朝に分割している。現代の歴史家たちはこれにもう一つの王朝を付け加えた。

もっともこの王朝分割は必ずしも我々の理解する歴史と一致するわけではない。これら古代の歴史家たちにしても伝承を頼りに数千年前の記述をしたに過ぎないのだから、無条件に信用できるものではない。しかしこの王朝分割は便利で、現在も使われている。

現代の歴史家たちはこの二千六百年以上の期間を次のように細分している。

＊初王国期（第一から第三王朝）紀元前三〇〇〇―前二五七五
＊古王国期（第四から第六王朝）紀元前二五七五―前二一五〇
＊第一中間期（第七から第十一王朝前半）紀元前二一五〇―前二〇四〇
＊中王国期（第十一、第十二王朝）紀元前二〇四〇―前一七八三
＊第二中間期（第十三から第十七王朝）紀元前一七八三―前一五五〇
＊新王国期（第十八から第二十王朝）紀元前一五五〇―前一〇七〇
＊第三中間期（第二十一から第二十五王朝前半）紀元前一〇七〇―前七一二
＊後期（第二十五から第三十一王朝）紀元前七一二―前三三二

このあとエジプトはアレクサンドロス大王とその後継者、プトレマイオス王朝に統治された。ルクソールに残る神殿にはエジプト風の姿をした〝ファラオ〟アレクサンドロスの姿が彫りつけられており、その横に象形文字でそのギリシャ語の名が記されている。

プトレマイオス王朝最後のファラオ、クレオパトラがアウグストスに攻められて死んだ紀元前三〇年からはローマ帝国にその一地方として編入されて、エジプトは独立を失った。もっともこのすべての期間、エジプト人の王たちが君臨していたわけではない。ヒクソス人に支配された屈辱期のほか、西方のリビア人、南方のヌビア人、東方のペルシャ人の王朝が出来た時代もある。また三次にわたる〝中間期〟は中央政権のなかった、いわば分裂期であり、複数の王朝が並存していたと考えられる。

エジプトは歴史時代以前、現在のカイロに近いメンフィスあたりを境に南北二つの国に分れていたらしい。もちろんそれ以前には小さな土侯国がナイル河に沿って並んでいたのだろう。伝説によればこの南北二つの王国を統一したのはなかば神話的なメネス王である、という。現在カイロ郊外のギザにある大ピラミッドのそばに建つメナ・ハウスというホテル、エジプトの国営通信社、メナはいずれもこの王の名前から来ている。

新王国時代に書かれた『ホルスとセツの争い』という小説がある。これは神王のオシリスが弟のセツに殺害されたあと、その跡目をオシリスの息子、ホルスが叔父のセツと争う、という話だ。この二人の争いはピラミッドの中に書かれた、エジプト最古の宗教文書の中にも断片的に伝えられており、その起源は非常に古いものらしい。これが南北王朝の統一という歴史的事実を反映している、と見る歴史家がある。

エジプトの王は普通、二つの王朝統一を記念するために、ナイル河上流にある〝上エジプト〟と呼ばれる南部王国を表す白い冠と〝下エジプト〟の赤い冠の二つを合わせたものをかぶっている例が多い（二四ページ参照）。

しかしこれは、メンフィスから北部の広々としたデルタ、南部の狭いナイル渓谷という全く違った自然を持つ〝二つ〟のエジプト、という物理的環境から生まれた神話であるのかもしれない。古代エジプト人は自分たちの国をタアウィ（二つの土地）と呼んでいるくらい、上下エジプトは環境を異にするのだから。

## 初王国期

第一、第二王朝については分からないことが多い。南北エジプトの統一を果たしたと思われる、第一王朝初代の王、メネスでありうる者は二人いる。

上エジプトのヒエラコンポリスから儀式用鉾《ほこ》の穂先が何本かと化粧用パレットが発見された。鉾にはファラオの絵があり、そのそばにサソリの絵がついていて、それが、何と読むのかは分からないが、彼の名前であるらしい。このファラオ像には南の白い冠と、北の赤い冠をかぶっているバリエーションがあるが、後には普通になる両方を組み合わせた冠は出てこない。

化粧用パレットを見ると、片面には白い冠をかぶり、他面には赤い冠をかぶった、ナルメルという名の王の像がある。そこに描かれているレリーフは軍旗の行進、敵の死体、城を破

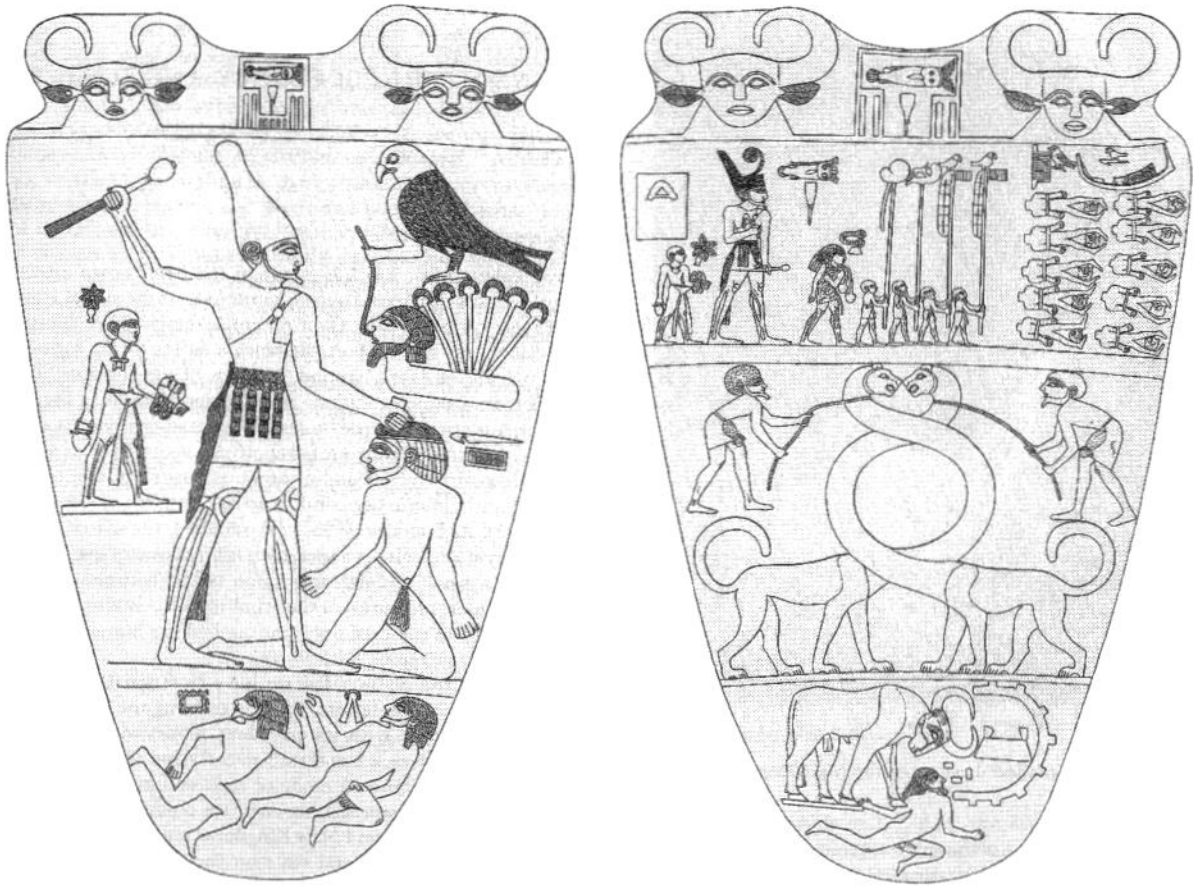

ナルメル王のパレット　写し　右／表面　左／裏面

壊する雄牛、敵を殴ろうとしているファラオの姿などであり、南の王による北王朝の征服と解することは可能だ。しかしこのサソリとナルメルが同一人物なのか別人なのか、別人ならそのどちらがメネスであるかは分からない。

第三王朝で二番目のジョセル王はエジプトの建築史上重要な存在だ。サッカラにある彼の墓は、それまでの日干しレンガのマスタバ（第四章参照）ではなく初めて石で建築したピラミッドだからだ。その設計をしたと伝えられるルネッサンス的に多才な首相のイムホテプは後には主として医療をつかさどる神にまでされた。もっともこのピラミッドは、有名なギザの大ピラミッドと違って、メキシコのピラミッドに似た階段状のものだ。まだ石造建築摸索の段階で、途中で何度も設計が変更されている。しかし後に知恵と栄光の時代として想起されるこのジョセルの統治期には建築技術が相当な水準に達していたことがうかがわれる。その後のファラオたちは何基かのピラミッドを建てたが、技術でも規模でもジョセルには及ばない。

ジョセルのピラミッドが真の後継者を持つのは第四王朝になってからだ。この画期的な石造建築は技術の発達だけを示すものではない。遠くから大量の石を切り出し、それを船で建築現場まで、多数の労働者を組織して運び、巨大な建築を行なう背景には、相当しっかりした官僚組織と経済力があったはずだ。

これを果たした第三王朝はかなりの中央集権に成功していたらしい。それまでは権力の中心は首都のメンフィスのほかアビドス、ヒエラコンポリス、ブトなどにもあったらしい。しかしジョセル王の頃から中央以外の墓は貧しくなり、地方の力が落ちてきたのを示している。それがピラミッド時代と呼ばれる第四王朝の大躍進につながる。

## 古王国期と第一中間期

第四王朝の最初の王、スノフェルは南方のヌビアに向けて遠征を行ない、国境を百五十キロほど押し下げた。彼はまたピラミッドを少なくとも三基建築している。階段状ではない〝真正ピラミッド〟も彼の作である。その次の王、クフがカイロ郊外のギザにある有名な大

スフィンクスとクフ王（右）、ケフレン王のピラミッド

ピラミッドを建築することになる。クフ王とギザにある残りの二つ、ケフレン王とメンカウレ王のピラミッドが建築された紀元前三千年期半ばはエジプトの黄金時代だった。

このピラミッドは、太陽神ラアの信仰が多くの神々中で本流になってきたことと関係があるらしい。しかしピラミッドの中に宗教文書が書かれるのは第五王朝終わりのウナス王から第八王朝にかけてのことである。黄金期の第四王朝の王たちの神性は確固たるもので、来世によみがえるのに宗教文書の必要などは認めなかったのだろう。

第五王朝になると、ピラミッドがはるかに小さくなる。また第四王朝では高官たちの墓が王墓のまわりにあったのに対して、第五王朝の高官たちはそれぞれの領地に墓を建て始めた。本来中央政権に任命された地方官たちが半独立の力を持ってきた結果だろう。中央政権の衰退とともに第四王朝のスノフェルが南方に広げた国境も押し戻された。この王朝期に東西への遠征の試みがあったらしいが、詳しいことは分からない。

しばらく前まで、エジプトは東西の砂漠、北の海、南方の急流地帯によって孤立していた、と考えられてきた。しかしアナトリアで第五王朝の金細工が、また一九六〇年代後半にシリアのエブラで第四王朝の壺が発見されるなど、古代中東のほかの地域との交流は非常に古い時期からあったことが想像される。中でもレバノンのビブロスがこうしたエジプトの東方交易の中心であったらしい。

第六王朝は衰退期である。約二十年の間に第七から第十までの四王朝が交代し、多くの王名が残されている。しかしこれは中央政権がつぎつぎと代わったというより、統一が破れて、小さな地方政権が並立したと見るべきだろう。飢饉も普通のことだったらしい。したがって中央政権の衰退とともにナイル洪水の水位が下がって農業生産が落ち、衰退に拍車をかけたのかもしれない。あるいはナイルの水位が下がって農業が不振となり、その結果経済力が落ちたことが中央政権の衰退を招いたのか。原因は何であれ、各地方には小土侯たちが復活し、一種の戦国時代を現出した。

しかしそれもしだいにヘラクレオポリスを中心とする北部王朝（第九、第十王朝）とテーベを首都とする南部王国（第十一王朝）に吸収され、南北朝時代となる。両王朝の闘いはアビドス周辺で繰り返されたらしい。南部王朝にはこの時期ヌビア人の傭兵隊が入っていた。

## 中王国期と第二中間期

南部、第十一王朝のメントヘテプ王は「二つの地に心を与えるもの」という名前を最初「白冠（南部）の神聖」と変え、それをさらに「二つの地の統一者」に再度変えている。これは彼がエジプト全土を再統一した過程に並行するものだろう。南部から全土を統一した第十一王朝は後半、テーベを首都とした。統一がなると、全国に建築ブームが起こり、同王朝の力を誇示する。

しかし第十一王朝の統治は長く続かなかった。再統一後五十年、六人目の王、メントヘテプの首相、アメネムヘトが第十二王朝を開く。アメネムヘト一世は王朝を開くと、古王国時代の首都があったメンフィスに遷都した。彼は晩年、皇太子、センウェスレト一世を司令官としたヌビア遠征に成功し、南部の国境を広げたが、より重要なのはその後普通になる二重王制を設定したことである。王がその晩年の何年間かを皇太子と共に統治することで、王死亡の際の混乱を避けることが出来るようになった。アメネムヘトは、センウェスレト一世がリビアに遠征中に暗殺されたらしいが、王権交代はスムースに行なわれた。

第十二王朝でもっとも有名なのはセンウェスレト三世だろう。王は南方のヌビアに遠征してその国境を再度押し広げた。第十八王朝のトトメス三世が建てた神殿にはセンウェスレト三世が神として祭られている。さらにこの王は地方官僚の力を削いで中央集権を進めた。その結果エジプト全土は四つの行政区に分けられた。

こうした中央集権化の成功のせいか、第十三王朝への移行はスムースだったらしい。この王朝は百五十年間に約七十人もの王が交代しているものの、王朝自体が継続したのは、官僚機構がしっかりしていたためだと思われる。チャアティと呼ばれる首相が実権を取り、王は飾り物になっていたために、多数の王名が記録されているのかもしれない。しかし王朝末期になるにつれて官僚機構が肥大した。中央の建築が少ないのに地方で多くの記念碑などが建てられたのは、中央集権の弛《ゆる》みを示すものだろう。

そのためだろうか、第十三王朝の衰えを機に誕生した第十四、第十五、第十六王朝がほぼ並存し、第十三王朝は第十七王朝に続く。

特に有力なのは第十五王朝で、これはエジプト人ではなく、北部のデルタ地方に中心をおいたヒクソスの王朝だった。それに対してエジプト人の第十七王朝は、南部のテーベに都をおいていた。このころ、テーベには池があって王がカバを飼っていた、という話が残っている。ところがヒクソスの王があるときテーベの王に手紙を書き、「カバのほえる声がうるさいからなんとかしてもらいたい」と依頼した。数百キロ離れたカバの声が聞こえるわけもなく、単なる嫌がらせで、両王朝の力関係を表すものだろう。

第二中間期がいつから始まるかには、諸説ある。第十五王朝から第十七王朝までというのが普通だが、本書では、統一が失われ始めた第十三王朝中期以降と考える。

当時のエジプトはアジアに比べて技術力で劣っていた。それがヒクソスの蹂躙《じゅうりん》を許した原因かもしれない。そこでこの時期に青銅、馬、戦車などの新しい技術が東方から導入された。その結果、南北の激しい争いが始まった。新王国時代に書かれた『アポフィスとセケネンレーの闘い』がこの闘いのほとんど唯一の資料だ。エジプト人の王だったセケネンレーのミイラは大きな傷を残しており、この王がヒクソスとの闘いで戦死したことを暗示している。第十七王朝最後の王、カーモーセは戦争の決着をつけられないまま死亡した。

## 新王国期の栄光

紀元前一五三二年にヒクソスをエジプトから追い出すのは新王国、第十八王朝初代のアフモーセになる。彼はその余勢を駆ってパレスチナにも攻め込み、さらに南部のヌビア遠征にも成功した。第二中間期が終わり、百年ぶりにエジプトが再統一されたのである。

その孫、トトメス一世はさらに征服を続けた。北はユーフラテスまで、南は第四急流地帯までがエジプトの版図《はんと》に加えられ、空前の大帝国が現出した。シリア、パレスチナはエジプトへの貢献国となる間接支配だったが、南方のヌビアはその鉱物資源のために直轄領とされた。特にヌビアの豊富な金はエジプトの国力を伸ばした。

この間にエジプトは内外に二つの頭痛の種を持つようになる。外患は小アジアに誕生したミタンニ帝国だ。エジプトとミタンニは百年にわたって覇権を争うことになる。トトメス一世以降はミタンニが優勢で、エジプトはしだいに国境を南下させざるを得なかった。内患はテーベの主神、アメンとその神官たちが強力になったことだ。第十八王朝十代目の王アメンホテプ四世は、統治途中でアトン神による一神教を広めようとして、自分の名も「アメン」を含むアメンホテプから「アトン」を含むイクナトンに変えた。アメン神とその神官たちの勢力が強すぎたので、この宗教革命を行なうためには首都テーベを捨ててアマルナに遷都(この時の名称はアヘトアトン)せざるを得なかったほどだ。

帝国の版図が広がるにつれて海外貿易も盛んになった。特に有名なのはトトメス二世の未亡人、ハトシェプストだろう。彼女の葬祭殿はテーベの対岸、ディール・エル・バフリにある壮大なものだが、その壁画にプントに派遣された商業使節団の話が出てくる。使節団は船団を組んでプントに出かけ、珍しい産物を持ち帰る。特に重要なのはプント特産の樹脂から採れる香料だった。これをエジプトに移植しようとして、製品ばかりでなく木そのものも持ち帰るが、移植には失敗したらしい。

このプントがどこにあるのかははっきりしない。しかしアフリカの角とその対岸のイエメンが香料の産地であることから、そのあたりにあった小土侯国ではなかったか、と思われる。時代はずっと下るが、紀元前十世紀に現在のイエメン北部にあったシバ国の女王がエルサレムのソロモン王を訪れたときに土産にしたのもこの同じ香料であった、という。

このハトシェプストは夫、トトメス二世の妾腹《しょうふく》の子、トトメス三世の摂政的存在だったが、その統治七年目に王にまでなった。女でファラオになったのは、長い歴史の中でも数人しかいない。女王という観念がなかったため、彼女は男の姿で残されている。実際にも公式の席では王の印であるひげをつけて現れたのかもしれない。

彼女は統治二十二年目に死亡するまで王として君臨したが、その晩年にはトトメス三世とうまくいかなかったらしい。トトメス三世はハトシェプストの死後その像を壊したり、台座に彫られた養母の名前を自分や父、祖父のものと取り替えたりしている。またテーベのカルナック神殿にある、ハトシェプストの建てたオベリスクのまわりに塀を築いて、その上に彫られた彼女の事跡が読めないようにさえした。なさぬ母子関係はうまくいかなかったようだ。

トトメス三世は家族問題にばかりかかわっていたわけではない。アジアに遠征して、ミタンニに奪われたパレスチナを回復した。ミタンニとの戦争は二十年にわたって続くが、勝敗は決しなかった。とは言えミタンニとの国境線はトトメス一世時代よりも押し返されており、ミタンニの優勢を物語っている。

しかし徐々に領土を奪われながらもミタンニとの関係は全面的に悪化したわけではない。トトメス四世、アメンホテプ三世などがミタンニの王女を妻に迎えているのはその証拠だろう。逆に軍事的に優勢なミタンニに嫁入りしたエジプトの王女の記録はないが、その理由は分からない。こうした、緊張しながらも続いた和平は経済状態を改善したらしく、建築はおおいに進んだ。

## イクナトンとネフェルティティの改革

第十八王朝でもっとも有名なのは前述したアメンホテプ四世だ。彼は統治の五年目にアメン神の名を含むアメンホテプからアトン神の名にちなむイクナトンに自分の名を変えた。ベルリンの新博物館に残る頭部の彫刻にその美しさが偲ばれる第一夫人のネフェルティティは、夫の宗教革命のよき理解者だった。当時何もなかったアヘトアトン（現在のテル・エル・アマルナ）への遷都も辞さなかったイクナトンは強力に宗教革命を推し進めるが、それは文化革命とも呼ぶべきものだ。

それまでの伝統を破ったアマルナ美術は有名である。彼以前も以後も王たちの彫像は（例外もあるが）スポーツマン的な体に眉目秀麗な顔をのせたものばかりで、いささか画一的だった。それは名前さえ取り替えれば別の王のものになっても構わないくらいだし、実際に本来の名前を削り取って新しい名前を彫り込んだ例は多い。それに対してイクナトンの像は長い顔、貧弱な肩と胸、出た腹をそなえており間違えようがない。

文化革命は美術の領域だけにとどまらなかったようだ。後にユダヤ人が書いた聖書にある『詩篇』とよく比較される『太陽賛歌』は、この時代にイクナトンによって新しい文学形式に生まれかわった。文学ばかりか言語も大きく変わった。当時の書き言葉は数百年前の中期エジプト語とほとんど変わらないもので、すでに日常の話し言葉からは大きく離れたものだったが、アマルナ文化革命はこの領域にも切り込んだ。次の第十九王朝以降のパピルスなどを見ると、書き言葉は明らかに変わり、話し言葉の要素が大きく取り入れられている。古代の〝白話《はくわ》運動〟と呼んでもよいかもしれない。このためには新世代の書記たちを育てる学校の新設が必要だったろう。しかもその後に続く言語の変化を見ると、いくつもの書記学校が短い間に立て続けに設けられたようだ。

こうした徹底した文化革命を強引に推し進め、新都の建設に当たったイクナトンが、彫像から連想されるような夢見る宗教青年、弱々しい文学青年であったはずはない。彼はこれまでのエジプトにはない全く新しい領域を目指したために、エジプトの有能な官僚組織はたいした役には立たなかったはずだ。十八年に満たなかったその統治期間一杯、非常なエネルギーで宗教、文化革命を進めたものと見られる。

余談だがこの宗教革命が後の一神教、ユダヤ教に影響を与えたかどうかは分からない。ユダヤ教がエジプトの影響を受けているとすれば、エジプトで生まれたモーセによるらしいことは想像できるが、その年代が分からない現在では因果関係は描きにくい。

ちなみにモーセという名前の由来は、旧約聖書出エジプト記二章十節によると「私が彼を水から引き上げたから」という民間語源の話がある。この「引き上げる」というヘブライ語の動詞が「マーシャー」で、それが「モーシェ（モーセ）」になったというわけだ。これに対してエジプト語の「メス（子供を産む）」という動詞が語源である、との説もある。この「メス」はラアメス、トトメスなどエジプト人によくある名前の一部になっている。しかしこの「メス」だけが名前になっている例がないこと、またエジプト語からヘブライ語への音韻変化がうまく説明できないこと、などが「メス」語源説の難点になっている。

ネフェルティティはイクナトンの晩年に共同統治者になったらしい、との説もある。さらに夫の死後、トトメス二世の妻ハトシェプストのように男装で、ごく短期間王位についたのかもしれない。イクナトンにはその第一夫人、ネフェルティティとの間に六人の娘が生まれたが、息子はいなかった。後にファラオとなるツタンカトンは父母が分からなかったのだが、最近のＤＮＡによる研究で、おそらく父はイクナトン、母はイクナトンの姉妹の一人であることが明らかになった。

## 新王国期の末期

ツタンカトンはわずか七歳で王位についた。当然王権は名ばかりで、実権を持ったのは文官のアヤ、武官のハレムヘブの二人である。こうした摂政役の助言もあり、ツタンカトンはアトン神からアメン神に乗り換えて、父のすすめたアトン神にちなむその名をアメン神名を含むツタンカーメン（ツタンカモン）と変え、作られたばかりのアマルナから伝統あるメンフィスに都を移した。ツタンカーメンの短い生涯の後、アヤとハレムヘブの二人が相次いで王位についているのを見ても、彼の統治がほんの名ばかりであったのが分かろう。

この幼時に即位し、成人前に死んだツタンカーメンにはほとんど何の事績もないが、現在では彼がもっとも有名なファラオとなっている。それは一九二二年に、王家の谷で発見された彼の墓のせいだ。古代エジプトの墓はそのほとんどが盗掘されてしまったが、彼の墓は幸運にもほとんど無事に残った。統治期間の短かった彼の墓は相対的に小さいものだが、その副葬品の豊かさは現在でもそれを見るものの目を奪う。

アヤ、ハレムヘブのあと、ラアメス一世が第十九王朝を開いた。この王朝で有名なのは三人目のラアメス二世だ。九十歳を超えるまで長生きし、六十年以上王位にあったラアメス二世は大王と呼ばれるにふさわしい。彼は即位早々、前王朝から持ち越しになっていたヒッタイトとの対決を迫られた。ヒッタイトの南下をこれ以上許せばパレスチナは失われてしまう。

そこでラアメス二世は統治五年目、自ら大軍を率いてアジア遠征に出かけた。この遠征中最大の戦闘になったのは現在のシリアにあるカデシュでの闘いである。ラアメスは敵の策略にかかって危うく命を落とすところだったが、彼の個人的勇気と戦闘力のおかげで苦境を逃れた。ラアメス二世はこの遠征を大いに誇りとしたらしく、戦闘記録をカルナック、アブシンベルなど数ヵ所の神殿の壁に書き付けた。細かい戦術などが分かる、という点では世界最古の軍事記録である。

両軍は、ラアメスの誇り高い戦勝記録にもかかわらず、カデシュの闘いでも勝敗を決せられず、戦争はさらに十六年続いた。両国間に平和条約が調印されたのは統治二十一年のことである。ラアメス二世はこのあとヒッタイトの王女を妻の一人に迎えている。

六十年以上も続いた彼の統治の後半は平和ではあったが、徐々に経済力を失い始めたらしい。建築好きの彼も晩年にはそのペースが落ちている。とはいえ彼の統治時代は広大な帝国版図のほとんどを守り、その後に比べれば経済的にも栄えた黄金時代だった。エジプトはこのあとジリジリと衰退する。なおラアメス二世については第七章で少し詳しく見てみたい。

ラアメス二世はあまりに長生きしたために、上の息子からつぎつぎと皇太子に任命されたものの、これらは父より早く死んでしまった。次の王となったのは十三男のメレンプタハだが、即位したときにはすでに五十歳を過ぎていた。

メレンプタハの即位直後、大王の重石が取れたためか、領内にいる少数民族の反乱が続いた。主なものはデルタ地方西北部のリビア人、地中海から移民して来たと思われる海の民の反乱である。メレンプタハの軍はその鎮圧に成功した。その誇らしい戦勝碑には、実際にはなかったらしいパレスチナ遠征の記録も記されている。それに「イスラエル」の名が歴史上初めて記されているためにこの戦勝碑は「イスラエル石碑」と呼ばれて有名だ。この碑はユダヤ人自身の記録である旧約聖書より五百年は古い。

第十九王朝の末期には内戦が起こったらしい。しかしその規模は小さかったようだ。あるいは宮廷革命だったのかもしれない。次の第二十王朝に属する十人のファラオのうち九人までがラアメスを名乗っているのは、大王の偉業にあやかりたい、というばかりではなく、第十九王朝から第二十王朝に血筋が続いていた、という可能性もある。もしそうなら完全な王朝交代ではなかったのだろう。

前王朝からの宿題だったリビア人、海の民の反乱もそれ以上大きくはならず、王朝初期にはシナイ半島、パレスチナ南部も確保された。しかし後にはパレスチナは取られ、南部のヌビアは奪われ、衰退は覆うべくもない。

第二十王朝最後のファラオ、ラアメス十一世の頃、テーベのアメン神の神官、ウェナモンがアジアに派遣された。神専用のウセル・アメン・ハアトと呼ばれる船を新造するのに必要な木材をレバノンで買い付けるためである。彼の記録が残っている。

これが行政文書であるのか、それとも小説であるのかは長く争われてきた。記録としてはあまりによく書かれているからだ。その完成度は中王国期の傑作、『シヌヘ』に比較されるほどだ。しかしウェナモンが用いたエジプト語は明らかに文学用のものではない（第五章で後述するが、この時代のエジプト語には、文学語と非文学語があった）。しかも小説だとすれば広く読まれただろうから、『シヌヘ』のように書記学校の生徒たちが学習のために筆写したであろう。ところがそうしたコピーは一つも残っていない。行政記録なら原本一つだけ、というのは当然だ。もっとも紀貫之が当時の公式言語だった漢文ではなく日本語で『土佐日記』を書こうとして、あたかも女であるかのようにふるまっている例もあるから、ウェナモン、ないしはこの物語の作者がわざわざ小説用でない言葉を使った、という可能性は残る。

ウェナモンは代金を託され、ラアメス十一世の統治十九年目の夏、木材買い付けのためにレバノンに派遣された。テーベを出たウェナモンはデルタ地方のタニスでスメンデスとその妻、テンタモンに会っているが、このスメンデスが次の第二十一王朝初代のファラオとなる。すでにデルタ地方の勢力が大きくなっていたのだろう。ウェナモンはスメンデスがチャーターしたシリアの船で地中海をレバノンに渡った。着いたのは、前王朝時代にエジプトでの闘いに敗れた海の民チェケル人の港町、ドール（現在はレバノン領のティール）だが、ウェナモンはここで船員の一人に、用意してきた木材の代金を奪われてしまった。その地の王に交渉したがどうにもならず、金がないまま木材を買うはずだったビブロスに向かう。

ところがそこでも歓迎されなかった。ウェナモンはビブロスの王と対決し、先王も先々代の王もアメン神のために木材を提供したのだから今回もそうすべきだ、と熱弁をふるって説得にかかる。ところがビブロスの王は王室記録を持ち出し、以前にもエジプトが木材の代金を払っているのを示した。支払いをしたからにはビブロスはエジプトに隷属しているわけではない、と主張する。ウェナモンはエジプトとアメン神の優越性を説くが、王が気を変えるのは、ウェナモンの手紙を受け取ったスメンデスが金と高価な物品を大量に送ってきてからのことだ。

ウェナモンはやっと木材買い付けの見込みをつける。そこへチェケル人が十一隻の船でビブロスに乗り付け、王にウェナモン引き渡しを迫る。王は悲しんでいるウェナモンにエジプト人の歌手を送って慰める一方、チェケル人には、アメン神の使節を自分の港で引き渡すのはまずいから、出航したあと海上でやってもらいたい、と説得する。

出航したウェナモンはチェケル人の手は逃れたものの、キプロスに吹き寄せられた。キプロスで殺されそうになって土地の王女に保護を求めるが、住民の中にエジプト語を知っているものがいて通訳になってくれた。

パピルスはここで切れていて、王女を説得したあとどうなったのか、木材は無事にテーベについたのか、などは分からない。しかしこの物語は色々なことを教えてくれる。

エジプトはすでに数代前から金を払わなければレバノンで木材の調達が出来なかった。アメン神の威光も地方の王を説得する材料とはならなかった。とは言え、王はその使節を自分の領内で敵の手に渡すのをはばかった。

一方、王はエジプト人の歌手を雇って、その歌を常に楽しんでいたし、エジプト語は多少のなまりはありながら自由に話せた（ウェナモンの物語の作者はビブロスの王のなまりを見事に示している）。キプロスでもエジプト語を話す人を見つけるのは容易だった。

ここにはかつての大帝国が凋落した姿を見ることが出来よう。第十九王朝最盛期には命令一つで木材が調達出来たにちがいない。ところが第二十王朝末期には前金で払わなければどうにもならなくなっていた。とは言え、かつてのエジプトの栄光は音楽、言葉など主として文化面でまだ生きていたのである。

経済力も低下したらしく、第二十王朝時代、カルナック神殿の一角にホンス神の神殿建て増しが着手されたが、これが完成したのははるか後のプトレマイオス時代のことだ。またテーベのアメン神官たちが強力になり、ファラオの権力も及ばなかったらしい。低下したのは政治、経済だけでなく、技術面でも遅れた。アジアはこのころ鉄器時代に入っていたのにエジプトは青銅器文化にとどまっていた。古代オリエントを支配した大帝国の栄光は去ったのである。

### 第三中間期と後期

第二十王朝のあと第二十一王朝から第二十五王朝前半までの約三百六十年間は三度目の中間期になる。再び統一政権は失われ、南北に細長いエジプトは分裂時代に入った。

第二十一王朝はデルタのタニスに首都をおいたスメンデスが開く。しかしテーベを中心とする上エジプトはその支配下に入らなかった。すでに前王朝からアメン神殿の高級神官職は世襲となり、独立の国家を形成していた。両地区は戦争するわけでもなく、婚姻関係などもあったらしいが、南北朝である事実は変わらない。

第二十二王朝はリビア系であったらしい。この王朝最初の王、ショシェンク一世はパレスチナに遠征し、国力を伸ばした。彼は、旧約聖書にシシャクとして登場する。第二十王朝時代に木材の買い付けに行ったウェナモンを辱めたビブロスとの関係も力を背景にして復活させている。建築もさかんに行なわれた。しかし国内では南部の分離独立状態を解決できなかった。タケロット二世は息子のオソルコン三世をテーベにあるアメン神殿の祭司長にしようとしたが反対にあった。これがきっかけとなって南北の王朝は戦争状態になる。

第二十三王朝から第二十五王朝前半までは並行して存在したらしい。国土は再び細分化され、小さな王たちが多く生まれた。再統一の気運が起こるのは紀元前七七〇年に第二十五王朝初代のカシュタが、南部の本来はエジプトの国境から外れているヌビアから北上を始めたときである。彼は根拠地のナパタから直線距離で四百七十キロ北のテーベまでを攻略した。実際の進撃路では優に千五百キロを超えるだろう。北部では北西デルタのサイスを根拠地とする第二十四王朝が力を伸ばし、紀元前八世紀後半にはそれぞれ小土侯国を吸収した南北二王朝の時代に入った。

第二十五王朝二代目のピエが北上作戦を行ない、第二十四王朝を屈服させるが、息の根を止めるには至らなかった。再び国土の統一を果たすには第二十五王朝三代目のシャバカを待たねばならない。シャバカは紀元前七一二年に北部王朝の首都、サイスを攻略して第二十四王朝を倒し、第三中間期を終了させた。こうしてエジプトは七王朝、三百八十年に及ぶ後期に入る。第二十五王朝は幸運なスタートを切った。それから数代にわたって、エジプト経済の根本を支えるナイルの増水は理想的な水準を保ち、経済的繁栄がもたらされたのである。

エジプトは再び大帝国となり、中東での対抗勢力ははるか東方のアッシリアだけとなった。膨張を続ける両帝国は紀元前七〇一年、中間地帯に当たるパレスチナで戦争状態に入った。アッシリアの王は聖書にも出てくるセンナケリブである。この戦争では勝敗がつかず、三十年間にわたってパレスチナをはさんでのにらみ合い期間に入った。この戦争はこれまでエジプトが置かれていた孤立状態を完全に破り、これ以降メソポタミアの情勢と密接にかかわりを持つ国際競争社会の中に投げ込まれた。

紀元前六七一年、アッシリアとの停戦状態が破れ、首都のメンフィスは占領され、王のタハルカははるか南方のヌビアに逃亡した。しかし二年後にはタハルカの反攻が成功してエジプトは再び回復された。しかし平和は長く続かなかった。アッシリアのアシュルバニパルは、紀元前六六七年にサイスで半独立勢力となっていたネコ一世と同盟を結び、再びエジプトを席巻する。その三年後には再びエジプト側が勝ち、さらに数年後には再びアシュルバニパルが侵攻する、という果てしないシーソーゲームとなった。しかしこの最後の戦勝直後、アシュルバニパルは国元で、新興国バビロニアに足元を脅かされたため、せっかく取ったエジプトを置きざりにして帰国せざるを得なかった。

この真空を埋めたのが第二十六王朝のプサンメティコス一世である。この王朝はアシュルバニパルと同盟を結んだデルタのネコ一世の家系だ。彼は全国を再び統一し、再度の戦いに備えて軍備を拡張した。その一環としてギリシャの傭兵が導入された。さらに長く続いた国際戦争のため、エジプトは自国で生産しない鉄を大量に輸入せざるを得なかった。そのため、これまで保ってきたほぼ自給自足の独立経済は成り立たなくなり、積極的な海外交易が始まる。エジプトの主な輸出品は穀物とパピルスだった。この第二十六王朝はアッシリア、バビロニア、ペルシャ、リディアなど中東の勢力との間で同盟を結んだり、敵対関係に入ったりして自己の保存を図った。ネコ二世はデルタ地帯の南東部から紅海に運河を掘る大事業を完成させた。古代のスエズ運河である。

アプリス王の時代にパレスチナではバビロニアによるユダヤ人の捕囚が起こり、その反動で多数のユダヤ人がエジプトに逃げ込んだ。その一部が南部のエレファンティネ島に定着し、紀元前五世紀に多くのアラム語文書を残すことになる。このアプリス王はアマシス将軍に背かれて王位を奪われた。アプリスはバビロニア軍と共にエジプト侵攻を企てたが、失敗したうえ、戦死してしまった。

長くエジプトを悩ませたバビロニアも新興勢力ペルシャに滅ぼされた。ペルシャは余勢を駆ってエジプトに攻め込み、カンビュセスが第二十七王朝を開く。ネコ二世の開いた紅海への運河は砂に埋まっていたが、修理が施されてペルシャの支配を容易にした。さらにこの時期にラクダがエジプトに家畜として導入され、陸上交通も格段に進む。

ペルシャはエジプトを本国に対する植民地と見ていたために、その支配は苛酷なものだった。その支配に対する怒りは、紀元前四九〇年にペルシャがマラソンの戦いでギリシャに負けたときに爆発した。エジプトの反乱はデルタを中心とし、ギリシャに穀物を輸出して軍事力を輸入する、という形で進められた。それに対して南部のナイル渓谷は、ペルシャの支配下にとどまった。紅海とデルタ南東部を結ぶ運河のためである。

この反乱が成功するには紀元前四〇四年まで待たなければならない。デルタ地区のサイスを根拠地とするアミルタイオスがペルシャ撃退に成功した。しかしこの第二十八王朝は五年間、一代限りで終わり、紀元前三九九年にはネフェリテスの第二十九王朝が開かれる。しかしこの第二十九王朝も短命だった。やはりデルタ地帯から出たネクタネボ一世が第三十王朝を開く。

ペルシャは第二十九、第三十王朝期に何度かのエジプト遠征を試みるが成功しなかった。それを成功させたのは紀元前三四三年のアルタクセルクセス三世で、再びペルシャの第三十一王朝が開かれる。しかしこの王朝も短命で、十一年後の紀元前三三二年にはマケドニアのアレクサンドロス大王がペルシャを滅ぼして終わりを告げる。これ以降はエジプト文化の主流は東方とギリシャが混交したヘレニズム文化となり、エジプトの長い歴史は終わった。

# 第三章　宗教と神話

## 矛盾する宗教文書

エジプトの文化は宗教を離れては語れない。エジプト文学のかなりの部分は、ピラミッド文書に始まる宗教文書で占められている。そればかりか、古代エジプトの建築で現在まで残っているのは、墓、葬祭殿、神殿など宗教関係の建物が中心だ。一般の住居はもちろん、ファラオたちの宮殿すらナイルの泥を原料とする日干しレンガ造りであったため、長い年月がすべてを土に返してしまったらしく、ほとんど何も残っていない。無数の宗教文書があるように、無数の宗教絵画、彫刻がある。資料は汗牛充棟と言えよう。エジプトの文書の多くは石に彫られているから、牛は大変な汗をかかねばならないし、棟はその重さに落ちるかも知れない。種々の遺物からパピルスまでそのほとんどが墓から発見されたものだ。

エジプト語が読めなかった時代にもその絵画、彫刻が宗教的性格を持つことは容易に想像された。当時の人々は「言葉が読めさえすれば理解できるだろうに」と考えたにちがいない。一八二二年にシャンポリオンが解読に成功してから二百年後の我々は、今や辞書や文法書を持ち、文書をかなり自由に読むことが出来る。主な文書は日本語を含む各国語に翻訳されてもいる。

それでもエジプトの宗教は分からない。分からないのにはいくつかの理由がある。まずエジプト人たちは自分たちの宗教を解説しなかった。ある神が一定の機能を持つに至った裏には厚い神話の層があるはずだ。ギリシャのゼウスがなぜ雷の神であり、その雷を出す道具を作ったのが誰であるかを我々は知っている。しかしエジプト人は、その神を信仰していた者なら常識であったはずの神話を我々に伝えてくれなかった。したがって我々は、エジプト神話のジャングルを地図も磁石も持たずに、手探りで進まなければならない。

またエジプト人は実に多数の神々をもっていた。ショーターは『エジプトの神々』という本を書いているが、主な神々だけで百近い名前をあげているほどだ。しかも同じ神が別の姿で現れ、別の属性を持つこともある。

たとえば知恵の神で神々の書記だったトトはイビスという鳥の姿で現れたり、猿であったりする。『死者の書』にはたいてい、死んだ者の心臓を秤《はかり》にかけて審判を下す場面がある。天秤《てんびん》の片方に心臓の入った壺がのせられ、他方にはマアト（真実）の象徴である羽、ないし羽を頭につけたマアト神がのっている。エジプト人は脳の働きを認めず、知性も感情も心臓がつかさどる、と考えていたからだ。だから心臓と真実が相対されて、故人の死後の運命が決定される。

故人は秤のそばに立って、心配そうな顔で計量の結果をのぞき込んでいる。秤を操作しているのは冥界の神で、ジャッカルの頭に人間の体をしたアヌビスだ。秤の右側にはイビスの頭を人間の体にのせたトトがペンとパレットをもって、計量の結果を記録しようとしている。ところが秤の支柱の上には同じトトが猿の姿で座っている。エジプト人は同じ場面に一人の神が別々の形で現れても気にならなかったらしい。ちなみにこの心臓の計量をする秤はどの絵を見ても平衡が保たれており、天国へ行くためには秤が上がればいいのか、下がればいいのか分からない。

またエジプト人たちは相互に矛盾する色々な伝承、神話があっても気にしなかった。後に述べるが、全国各地に散らばった宗教的中心地にはそれぞれの神話体系があり、神々があったらしい。それらが、分裂した諸国家のそれぞれにあるのならともかく、統一された王朝の下ですら相互に矛盾したまま共存していた。

ただ一人それに挑んで、日輪のアトン神以外を認めずに、一神教宗教革命を起こしたのが第十八王朝のイクナトンである。エジプトの歴史の中では完全に例外的な事件だし、イクナトンの統治下ですら他の神々の礼拝が完全に止まったわけではない。しかもイクナトンが死ぬとその宗教革命も死んでしまった。さらにイクナトンは異端として後代の王名リストから削られすらした。

そもそもエジプト人たちは旱魃《かんばつ》に追われてナイル渓谷に小グループで降りてきたときにそれぞれの集団の神を持ってきたのだろう。あるいは一つの集団にすでに一人以上の神があったのかも知れない。それらの小グループは、特に大きな組織がなければ効果的な灌漑が難しい上エジプトで、少しずつ大きなグループに統合されていった。統合の過程では戦争もあったろうし、平和的合同もあっただろう。

古代ではふつう人間の統合は神々の統合でもある。ある神を持つグループが戦争に負けると、それはその神の失敗と見られて、被征服民は征服民の神を受け入れるのが普通だ。ところがエジプトではそれが起こらなかったらしい。勝ったグループの神は負けたグループの神の名前と属性を受け継ぐ例が多い。だからエジプト全体が統一される過程でも神々の数は減らなかったようだ。それどころか後にシリア、パレスチナに遠征してそれを征服すると、その地の神であるバアルやアシュタロテをエジプトの神として受け入れたほどだ。

さらに神々はその勢力の盛衰によって変質した。ある町、村の神は、その母体となるグループが政治勢力を伸ばすとともに偉大な神になる。そうなれば当然近在からの巡礼が行なわれ、さらに勢力が強くなろう。すると近在の小さい神々は、偉大な神と実は同じなのだ、とその氏子たちによって考えられたらしい。こうして残酷な神セフメト（雌ライオンの姿で表される。以下同様）や家庭と愛の神バステト（猫）がより偉大な女神ハトル（雌牛）と同一視されてくる。そのハトル自身がさらに偉大な神、イシス（玉座）と同化されることになる。

こうした変化、分裂、統合、同化の過程は歴史時代以前に始まったはずだ。しかし歴史時代に入り、種々の宗教文書が記録されるようになっても事態は変わらなかったらしい。

## ピラミッドの呪文

最古の宗教文書はピラミッドの内壁に記されている。ピラミッド・テキストと呼ばれるこの宗教文書は呪文を集めたものだ。カイロ郊外のサッカラにある第五王朝のウナスの有名なピラミッドには約三百以上の呪文が棺室、控えの間、通路の内壁いっぱいに書かれている。ところがその墓に葬られたファラオの来世を約束するはずのこの文書が、我々の感覚ではどうしようもない程の混乱を呈している。

第一、現在に至るまでこの呪文の順序が分からない。呪文と呪文の間にはなんらの内的必然性も感じとれない。ある学者は、一番奥にある棺室から読み始めるべきだ、と主張し、別の学者は、通路から読み始めて棺室で終わる、と主張する。通路の右から読み始めて棺室に至り、反対側の壁をまた通路に戻る、と主張する者もいる。呪文には番号がついているが、これは現代の学者がつけたもので、文書を彫り込んだエジプト人のあずかり知らぬところだ。

またこれらの呪文群は信じられないような相互の矛盾にも平気だ。死後のファラオが、年をとってカラカラになった神々を薪《たきぎ》にしてあたためた大鍋で若い神々を料理して食べる、という内容の〝食人呪文〟とあだなされたものがある（章末に訳出）。その一方では太陽神の供をして東から西に空を渡る太陽の船に乗せてもらう王の姿もある。前者ではファラオは神以上の存在であり、後者では神にすがって来世を保証してもらっている姿でしかない。またいくら読んでも、想像しても、何を言っているのか分からない呪文もある。

我々の感覚ではこれが宗教文書として一つの体系をなしているとは到底考えられない。しかし死後の世界のためにこの世を生きたかのように見えるエジプト人たちが、膨大な時間と王国の財を傾けて造ったピラミッドの中に、これも想像を絶する時間と労力をかけて彫りつけた文書が矛盾だらけで意味のないものである事実は説明されなければならない。

おそらく事情は次のようなものだったのだろう。これらの呪文の多くはピラミッドに記録されるはるか昔から口伝で伝えられていた。ピラミッドに呪文を書き始めたのは、前章でも触れたように、中央政権が衰退の兆しを見せ始め、絶対の自信が失われかけてからの王たちである。王たちは来世を確保するために、効果があると思われる呪文を全国あちこちから集めたことだろう。可能なかぎり色々な神々の神殿に命令が出されたに違いない。当然、呪文同士の矛盾は避けられなかった。

それどころか収集にかかったころにはすでに、それを提出した神殿の神官たちにすら理解出来なくなっている古い呪文もあっただろう。そうでなければ非常に気をつけて彫りつけられ、彫りつけた後で校正まで行なわれた呪文にしては理解出来ないものが多すぎる。現在の印刷や、パピルスに書かれたものと違って、石造りのピラミッドの内壁に彫りつけられた文書の校正は困難だ。最大限の注意が払われていたことが想像される。

さらに宗教的事柄、神話、ある宗教的習慣の来歴など神聖な事柄は、みだりに口にするのを禁じられていたらしい。『歴史』巻二でエジプトについて詳しい記述を残したギリシャの歴史家、ヘロドトスはこれらの点に来ると決まって言葉を濁す。

六一　実に幾万という男女がことごとく、自分の体を叩いて悲しみを示すのであるが、誰を悼《いた》んで体を打つのか、ということは憚《はばか》りがあるのでここにはいえない。

六二　なぜこの夜に火を点じて特に祝うかという理由については、縁起説話が伝承されている。〔説話そのものについては言及なし〕

六五　動物が神聖視される理由を述べるとすれば、勢い神に関わる事柄に論じ及ばねばならぬが、これは私としては最も叙述を憚る論題で、これまでそうしたことに触れて記してきたことども、誠に止むを得ぬ事情によって述べたにすぎぬのである。（岩波文庫、松平千秋訳）

などはその例である。あるいはヘロドトスに話したエジプト人自身が忘れてしまったのか。

こうした統合、合体、変質の例を、冥界の王であり、復活、豊穣の神でもあったオシリスに見てみよう。オシリスについては、第四章に記すように紀元後一世紀のギリシャ人プルタルコスが神話を伝えている。

## 豊穣の神オシリス

エジプトでもっとも人気のある神だったオシリスは元々シリア起源の稔《みの》りの神であったらしい。シリアのオシリスがどんな姿をしていたかは分からない。この神を主神とする人々がシナイの砂漠を越えてデルタ地帯に侵入した。彼らはデルタ中央部のジェデュを占領した。占領後この町は「ペル・ウセル（オシリスの家）」と名前を変える。これがまた後になまって「ブシリス」となった。

このジェデュにはアンジェティという名の土着の、これまた稔りの神がいた。このアンジェティは人間王の姿で、手には二本の笏《しゃく》を持ち、真実を表す二本の羽飾りがついた冠をかぶっていた。これは正に我々が知っているオシリスの姿そのままだ。オシリス信者集団の占領は神の統合となったのだろう。とにかくオシリスに「ジェデュの主」という新しいタイトルがつく。歴史時代以前のこの頃にはオシリスは死者の王ではなかったらしい。

第四章に後述するプルタルコスの伝説は、オシリスを死者の王にしている。この伝説がいつごろ始まったものかは分からないが、紀元前三千年期のピラミッド文書に現れるオシリスが冥界の王であるのを見ると、オシリスが本来の機能である豊穣に新しい冥界の王としての機能を加えたのはこれまた歴史時代以前のことに違いない。

もっとも死と稔りという二つの機能は必ずしも相互に矛盾するものではない。ずっと後代のイエス・キリストが「一粒の麦もし死なずば……」（ヨハネ伝一二章二四節）と言ったのは、この死と豊穣のアナロジーがエジプト人だけのものでないのを示していよう。実際、泥でオシリスの人形を作ってそれを布でミイラのように巻き、その中に麦の種を埋め込む儀式が存在した。しばらく経つと麦の種は芽を出し、死からの復活、来るべき豊かな稔りを約束してくれる。

冥界の王となってからのオシリスは常にミイラの形で現れる。顔色が蒼いのは豊穣の神であるしるしであり、二本の足が踏み出されずにそろっている姿はこの神が死んでいるのを示している。色々な彫像をよく見ると分かるが、生きているものは必ず片足を踏み出している。

オシリスはしだいに勢力範囲を伸ばしてその信仰集団は広がり、デルタ地帯からナイル渓谷へと南下した。それがアビドスに着いたとき、オシリスはケンティ・イメンティウという名のアビドスの死者の神と同定された。この時「西（イメンティウ＝冥界）の主」というタイトルがオシリスに加わる。上エジプトのアビドスには第一王朝のジェルのものと思われる墓がある。この墓は第十九王朝の時の特別調査で発見された。ところがその時に王名のジェルがケントと読み間違えられたらしい。さらにこのケントは、オシリスが同定されたアビドスの死の神ケンティ・イメンティウであると考えられた。こうしてオシリスの墓が〝発見〟されたのである。これ以後オシリス信仰の中心はアビドスになる。

プルタルコスの伝える伝承によると、オシリスは王権を狙った弟のセツに謀殺され、バラバラにされたその体はエジプト中に散らされた。復活を恐れたためである。オシリスの妻でも妹でもあるイシスは、エジプト中をまわって夫の体の切れ端を集めた。その際頭がみつかったのがアビドスなのでそこに彼の墓を作った、という。また、オシリスの体を組み合わせて、アビドスに全身を葬った、という説もある。いずれにしてもこれは順序が逆で、オシリス信仰がアビドスに落ち着いた結果こういう伝説が出来たと見るべきだろう。

このためアビドスは人間たちにとってお墓の一等地となった。冥界の王、オシリスのそばに埋められていれば、何かとあの世での庇護《ひご》が期待出来るのだろう。事情があって墓そのものをアビドスに作れなければ、少なくとも石碑を建てようとしたし、ミイラが出来てから墓に埋葬するまでの間に死者がアビドス参りをする習慣もあったらしい。墓の中の壁画にはミイラが舟にのってアビドス参りをする場面がよくある。日本で熱心な仏教徒が有名な開祖の寺に埋められることを望み、それが出来なければその寺に分骨をするのと似ていないこともない。

こうしてしだいに強力になったオシリス信仰は後述するヘリオポリスその他の神学のパン

テオンに迎えられ、その重要な一部となった。

イシスがオシリスの死後にみごもって産んだ息子のホルス（隼《はやぶさ》）は、父の敵《かたき》である叔父のセツとの死闘のあげくそれに勝ち、不当にも叔父に奪われていた王権を継承した。このエジプト人によく知られていた物語が歴代の正統的王権保持者たるファラオとホルスを同定させることになる。そこでオシリスの妻イシスに乳をふくまされる幼児のファラオは一般に受け入れられたモチーフとなった。これもオシリス信仰を広める一助になったのは言うまでもない。


ところが複雑なことに、太陽神ラアの息子もホルスという名前で、同じ隼の姿をしている。そうなるとラアの息子のホルスたる子供のファラオに乳を与えている女神はオシリスの妻イシスではなく、日輪を頭にいただいたハトル（雌牛）になる。一日の旅を太陽として天を渡ったラアは、夕方西に沈んだ後アウフと姿を変えて冥界を東に渡る。その際冥界で蛇がアウフの行程を邪魔しようとするが、オシリスは元来この蛇だった、という説もあったらしい。少なくとも古王国のファラオは太陽神の主祭司でもあったから、ラアの子としてのホルスの方がよく合う。それに父の敵を討って王権を取り戻したオシリスの息子のホルスが重なったのだろう。エジプト人は、我々には考えられないこの種の矛盾には平気だった。

そうしてみるとオシリス信仰は民衆の間での方が強かったのかもしれない。ファラオはラアの子であり、また、ラアを現世に現している存在でもあった。ラアの祭儀はファラオだけが関与する国家宗教であり、民衆はこの国家宗教には関与できなかった。そこへいくとオシリスの方は、弟の不正義のために殺され、献身的な妻の努力で冥界の王となり、息子に敵を取ってもらったというのだから、創造神と一体化しているファラオよりは、一般の人の方に親近感を抱かせたと言えるだろう。自分だけが迫害されている、正当に評価されない、と感じるのは現代人の特権ではない。

オシリスの復活は、神の特別の恩寵《おんちょう》に浴している（と言うよりは神そのものだった）ファラオばかりか、普通の人間にも復活の期待を与えてくれた。だから某《なにがし》が死ねば〝オシリス某〟となる。それが植物にも拡大されれば、稔りの神だ。稔りの大本は太陽とナイル河によるる。太陽はすでに国家宗教のラアに取られているし、冥界の王としてのオシリスとはうまく合わない。しかしナイル河となら矛盾はしない。かつてナイルは水源が分からなかったため、アスワンのさらに上流にある第一急流地帯の地下に水の源があると考えられていた。オシリスはそのナイル水源の神としての側面も持つ。彼は年に一度水面下の洞窟の中で増水を起こし、人間たちに稔りを約束してくれた。

## 太陽神の人間の誕生

オシリスは重要な神だったが、国家的な見地から言えば、主神はあくまでも太陽である。カイロの北東、現在の国際空港からカイロに向かう途中にあるヘリオポリス（ギリシャ語で

〝太陽の町〟）の神学を見てみよう。

世界は初め、天も地もなく、ヌンと呼ばれる水に覆われていた。混沌の時代である。そこからアトゥムと呼ばれる人間の形をした神が自生した。

この神にはいくつかの形があり、それぞれに別の機能があり、別の名前がついている。いいたとえではないが、同じ人間がある場面では父として、別の場面では夫、息子、上司、部下等の機能を持ち、その機能ごとに〝パパ、あなた、博一、部長、笈川君〟等の呼称を持っているのと似ているかもしれない。ずっと後代のキリスト教には、〝父、子、聖霊の三位一体〟という、エジプトの場合のような行き当たりばったりなのよりははるかに洗練された神学がある。もっとも前述したように、エジプトの神々の種々の機能、名称は本来は別々の神々の変化、分裂、統合、同化の結果なのだろう。

とにかくこの人間の姿をしたアトゥムはヘペルとも呼ばれるが、これは黄金虫の形をしている。家畜の糞などを丸めて転がしているこの黄金虫の一種は、太陽を毎日天空で東から西へ転がす神の分身と見られた。このヘペルはスカラベとなり、エジプト人の数多いお守りの中でももっとも重要なものとなる。

もうひとつがラアだ。太陽神はこの形で出てくることが一番多い。ラアは色々な神と一緒になる。ラアハラフティ（二つの地平線のホルスのラア）は、その一つである。このホルスは前述したオシリスの息子のホルスとは関係がない。しかしともに隼の形を取っているので、エジプト人自身も混乱したらしい。さらにアトゥムと融合してラアハラフティアトゥムと呼ばれることもある。さらには全く系統の違う、テーベの主神アメンと一緒になったアメンラアも同起源だ。

太陽は朝、子供として東の空に生まれ、舟に乗って西への旅を始める。しだいに年を取り、夕方西に着くころには老人となる。その間に名前が変わるのは当然だ。日が暮れればまた名前を変えて、昼間とは別の舟に乗り、冥界を越える旅の末に、朝までに東に着く。

アトゥムはヌンの海の中で自生し、まずベンベンと呼ばれる丘を作った。この丘が原始の海、ヌンの上に顔を出した初めての陸地となる。ヘリオポリスの神殿はこのベンベンの上に建っていた。もっとも別系統のメンフィス神学にも同じベンベンが出て来るし、メンフィス神殿がその上に建っているのは当然である。

彼は、子孫を作るに当たって自らセックスを行なった。まだ一人しかいない神としては両性を具《そな》えていたらしい。マスターベーションによったのではないか、という説もある。どんな方法にしてもこの太陽神はシュウ（男神、空気、風）とテフヌト（女神、湿気）の二人を産む。この二人がゲブ（男神、地）とヌウト（女神、天）を産む。

元々ゲブとヌウトとは抱き合っていたらしいが、シュウが間に入って二人を分けた。そこでヌウトは天となる。エジプトの墓の天井や、棺の蓋の内側に向いた面を見ると非常に背の高い裸の女神の姿が描いてある。これがヌウトだ。彼女の頭は西に向いている。太陽が毎朝東でヌウトの胎内から生まれるためには、彼女の頭は西に向いていなければならない。もっとも天は雌牛の姿をしている、という考え方もある。この場合も頭は西に向いており、雌牛の腹には星がついている。朝東に生まれた太陽は腹に沿って西に向かい、夜になると雌牛に飲み込まれて、翌日の出産にそなえる。

この二人がオシリス（男神）、イシス（女神）、セツ（男神）、ネフテュス（女神）の四人兄弟の両親となる。以上九人の神がヘリオポリスのパンテオンに属する。ただしオシリス兄弟は、オシリス信仰が強力になってから加わったらしい。

人間の創造は神々の創造とは全く別の方法によった。神が泣いたらその涙から人間が出来たのである。もっともこれはレミイト（涙）とレメチュ（人間）の発音が近いことによる言葉の遊びだったろう。山羊の頭を持ったエレファンティネのクヌム神が、ろくろで粘土から器を作るように人間を作る、との説もある。

この人間創造は、失敗だったらしい。新王国のセティ一世、ラアメス二世などの墓に書かれている、おそらくは中王国起源の神話によると、ラアが年老いたころに人間が神に反乱を企てる。これを怖れたラアは神々を召集してその対策を考えた。結局人間を全滅させることに決定が下り、ラアの目（これは独立の神だった）がハトル（牛の形の女神）となって地上に下る。まずエジプト以外の外国人である砂漠の人間を殺し、それが終わるとナイル流域の北から殺戮《さつりく》を始めた。途中で日が暮れて、南部は翌日のこととなる。この時ラアは思い返し、七千壺のビールに赤土を混ぜて血に見せかけ、地上に撒いた。ハトルは翌日これが人間の血であると思ってだまされた。しかも地上に溜まったビールを飲んで酔ったために、人間の一部は死を免れた。

この物語は後に東方に伝わったらしい。メソポタミアのギルガメシュ叙事詩や聖書のノアの方舟の話に出ている神の怒り、人間全部を殺す計画、一部の人間が残る、というモチーフはこのエジプトの物語から出たものだろう。あるいは物語伝播の方向は逆だったのか。

## プタハとアメン

古王国の中心地で、カイロの南西にあるメンフィスの主神はプタハである。人間の形をしたこのプタハは天体、自然、太陽神をも含む神々、人間などのすべてを創造した。大英博物館にある石碑四九八番によると、創造の後「神々はすべての種類の木、金属、粘土などすべての物の中に入り込み、その中で形を取った」とある。これは神像がこうしたもので出来ているいることの説明になるのだろう。このためプタハは後のギリシャ人によって鍛冶屋の神へーパイストスと同定された。創造主で主神のプタハとしては、醜いコキュのへーパイストスと同定されるのでは大いに格下げなのだが。

このプタハに、雌ライオンの頭を持つセフメト（妻）、頭に蓮の花を咲かせた人間の形、ないしは蓮の花の上に座った子供のネフェルテム（息子）がメンフィスの中心的な神々であ

カルナックのアメン大神殿

る。もっとも、盛んだったオシリス信仰はメンフィス神学にも入り込み、それにメンフィスの冥界の神ソカルが加わって、主神はプタハソカルオシリスとなる。

新王国時代に全エジプトの中心となるテーベの主神はアメンだった。エジプトは第十七王朝末期に、外部から侵略して北部に王朝を築いていたヒクソスの撃退に着手する。最終的にエジプトの独立回復に成功したのは第十八王朝初代のアフモーセだ。この立役者がテーベ出身の王だったことから、テーベの庇護者としてのアメンの比重が急激に増す。よくは分からないがアメンという神名は〝隠れた者〟というような意味で、空気の神だったらしい。

往時のテーベ、現在のルクソールには、ナイル河の東岸に巨大な神殿が二つある。

主神アメンのカルナック神殿とその二キロほど南にあるアメンの妻ムートのルクソール神殿だ。この二つ、特にカルナック神殿はエジプトに残る数多い遺跡の中でも群を抜いて壮大で美しい。

しかし第十八王朝の初めのテーベは、アジアからの侵略者に痛め付けられた惨めな田舎町に過ぎなかった。独立回復と王国再統一を果たした新王朝はすさまじいエネルギーで発展を開始した。初代のアフモーセ、その後継者トトメス一世、二世、三世など好戦的な王たちは破竹の勢いで帝国の領土を拡大した。占領地からの戦利品、貢ぎ物が大河のごとく王国に流れ込んだ。そうしたほとんど無制限の富は王朝発祥の地、テーベに注ぎ込まれたのである。田舎町だったテーベは、短期間のうちに〝百の門の町〟との異名を取るほどに発展した。

その富の多くが流れ込んだのはテーベのアメン神殿である。かつてのテーベ、現在のルクソールに残るカルナックとルクソールの神殿は、その後の王朝による拡大部分があるから、第十八王朝時代よりかなり大きいものとなっている。しかしその基盤はこの時代に造られた。イクナトンの父アメンホテプ三世の頃には、その戦利品と帝国の富で磨かれたテーベは、文字どおり世界の首都として恥ずかしくない壮麗さを誇っていたようだ。

極端に大きな経済力を持ち、王朝による全面的なバックアップで全土の主神となったアメンの威光は並ぶ者のない権勢を形成した。その祭司機構は複雑、多岐にわたるものとなり、その力は大きなものとなった。アフモーセより七代後のトトメス四世は、衆目の一致する候補を退けて、貧しい出身で比較的地位の低かったアメネムヘトを大祭司に抜擢《ばってき》した。彼がなぜそうしたのか、はっきりした理由は分からない。次のアメンホテプ三世の統治期には、神殿の高官たちが割合早いペースで交代している。この理由も分からない。しかし、これらの措置は、あるいは育ち過ぎたアメン神官団の勢力を削ぐ目的であったことも考えられる。

このアメンがテーベの一地方神であるうちは隠れた者でも空気の神でもよかった。しかしエジプト全体に君臨するとなれば、エジプト宗教界で伝統的に中心的な位置を占める太陽神の機能を持たざるを得なくなる。ファラオが太陽神の子供として位置づけられ、それが一般の意識となっているとすれば、王朝の主神が太陽と無関係でいるわけにはいかない。そこでアメンは、エジプトでもっとも古く、かつ権威のあるヘリオポリス神学の主神ラアと結んでアメン・ラアとなる。エジプトの神々はかくも融通無碍《むげ》だった。

## アメンホテプ三世

しかしその融通無碍なエジプトにも例外はある。エジプト史の中でおそらくもっとも魅力のある人物イクナトン王の提唱、推進したアトン神とその宗教革命だ。彼は後代に王のリストから外され、その名前は石の表面から文字どおり削られ、その建造物は壊されて、石材は後の王たちの造った建造物の材料として使われた。精力的に宗教、文化革命を、ほとんど独力で進めた彼はどんな人物で、その宗教はどんな性質のものだったのだろうか。彼の父、アメンホテプ三世から見てみよう。

記録によればアメンホテプ三世は狩猟が好きで、即位後の十年間に百二頭のライオンを弓で射殺している。伝統的なスポーツ王の姿だ。彼の趣味は狩猟以外には建築だったらしい。ヘルモポリスのトト神殿、エレファンティネのクヌム神殿などを建設したが、その有り余る富を惜しげもなく注ぎ込んだのはテーベである。彼はテーベで生まれたらしく、晩年にはメンフィスを離れてテーベに住んだ。現在テーベに壮麗な姿を見せるカルナック、ルクソールの神殿の基礎を作り上げたのはこのアメンホテプ三世である。

ナイルの西岸に造られたアメンホテプ三世の宮殿は東西四百メートル、南北六百五十メートルだった、という。その南に造られた葬祭殿は跡形もなく失われたが、その前に建っていた王の像は現在も二十メートル以上の高さの勇姿を残している。後代のギリシャ人たちはこれを見てギリシャの英雄メムノンの像と勘違いした。その建築の量と質は、第七章で語る建築好きのラアメス二世と比べても見劣りしないほどだ。

このアメンホテプ三世にはシリア、ミタンニ、バビロニアなど外国人の妻をはじめ二桁では数えきれない妻たちがいた。その一人ミタンニのシュタルナ二世の娘キルケファとの結婚には本国からついてきた侍女が三百十七人いたという。ハーレムだけでも大変な規模になる。

しかし正妻は外国からの移民の子孫で、戦車隊司令官になったユヤとその妻トゥヤの娘テイイだった。この妻から男子二人、女子四人が生まれている。長男は祖父の名前を取ってトトメスと名付けられ、次男は父と同じアメンホテプとなった。このトトメスはメンフィスにあるプタハ神殿の大祭司に任命されたが、これは当時の慣習では皇太子と同義語である。したがってこのままいけばトトメス五世が誕生するはずだった。ところが彼は即位前に死亡、次男のアメンホテプがピンチヒッターとなり、父アメンホテプ三世の跡を継いで即位して四世となった。

アメンホテプ三世は即位三十五年目に健康を害して、義弟にあたるミタンニのトゥシュラトラに手紙を書いて、霊験あらたかなアシュタロテ神の像を送ってもらっている。しかしトゥシュラトラが「用が済んだら送り返してもらいたい」と手紙を付けて送ってくれたほど大事なアシュタロテ神も助けとならなかった。彼は即位三十八年目の冬に死亡する。破損しながらも現在まで残った彼のミイラを見ると、太った禿《はげ》のファラオだったらしい。虫歯だらけで、生前は歯痛に悩んだことだろう。

## アメンホテプ四世の治世

跡を継いで即位したアメンホテプ四世は、兄のトトメスと違って、父が生前刻んだレリーフなどに姿が出てこない。この点と、後にアマルナ美術として知られるいささか特徴的なアメンホテプ四世の姿とがあいまって、ホルモン異常を起こしたために第二次性徴のなかった彼の姿を恥じた父が次男の姿を残さなかったのではないか、との憶測が生まれる。この間の事情は分からないが、即位したばかりのアメンホテプ四世は父の仕残した建築を続けた。

記録によると、彼はカルナック神殿内にゲム・パア・アトン（アトンが発見された）、フウト・ベンベン（ベンベン岩の家）、ルウド・メヌウ・エン・アトン・エルネヘフ（アトンの記念碑は永遠に強い）、テニイ・メヌウ・エン・アトン・エルネヘフ（アトンの記念碑は永遠に高い）と名付けられる四つの神殿を建設しており、断片的ではあるが、この他にさらに四つの神殿を建設した、との言及がある。しかしこれらの神殿は全くその姿を残していない。これは虚偽の記録なのだろうか。

十九世紀のことだが、カルナック神殿の南部でアメンホテプ四世の名が入った石がみつかった。その気になって探すと、そのまわりには大きさのそろった石がいくつもあり、その一部にはレリーフが彫ってある。明らかに大きな壁画の一部であったらしい。

これらの石はアラビア語で〝三〟の複数形であるタラタートと名付けられた。タラタートは、アメンホテプ四世より四代後（三代後との説もある）に即位したハレムヘブ王の建てたピュロン（神殿の門）が地震で一部壊れ、その壊れ目から落ちたのが明らかになった。後のことだが、ラアメス二世が造ったルクソール神殿のピュロンの中にもタラタートがあるのが分かった。

ピュロンの外面は王の戦勝などのレリーフや記録が彫り付けられる。しかしその中に詰ま

タラタートから復元されたレリーフ。ルクソール博物館蔵。『世界の博物館17　エジプト博物館』1978、講談社　127ページ

っている石材に装飾を施す必要はない。なぜその詰め物の石材にレリーフが彫り付けてあり、それにアメンホテプ四世の名があるのか。当然予想されるのは、アメンホテプ四世が建てたと記録に残っている神殿が破壊されて、その石がピュロンの詰め物に使われた、という仮説だ。そこで二十世紀になってからこのピュロンを崩して、中のタラタートを取り出す作業が始まった。新たに詰め物をして組み返せば、ピュロンをもとどおり復活させることは可能だし、分解して取り出したタラタートはアメンホテプ四世について思わぬ秘密を明かしてくれるかもしれない。

この作業の結果、多数の彫刻された

タラタートとそれに数倍する彫刻なしの石が取り出された。とてつもなく巨大な、石を使ったジグソー・パズルを思えばよい。もし神殿が破壊されてその石が再使用された、との仮説が正しければ、神殿の上の方の石がピュロンの下になっている、と考えられる。これはタラタート再構成の重要な手掛かりとなろう。しかし残念なことに、この作業は長い時間がかかり、その間に責任者が何度も替わったために、発掘の記録がちゃんと残っていない。しかも取り出したタラタートの置き場所も数回変わったため、パズルは全くバラバラになってしまった。また特に美しいレリーフのある物の中には盗みだされて、外国に売られてしまったものもある。

それでも全体像はまだ分からないものの、現在までに数個から最高二百個近くのタラタートが組み合わされて、かなりのレリーフが回復された。その結果、これらの石材がアメンホテプ四世の造った神殿が崩されたものだろう、という仮説が確認された。なぜこんなことが起こったのだろうか。

アメンホテプ四世は、即位三年を記念してセド祭を行なうことにした。この祭りは普通ファラオ即位三十年後に行ない、その後は数年おきに行なわれるのが普通だ。だからセド祭を行なわずに死んだファラオはいくらもいる。それを三年で行なうというのはいかにも早い。これは彼がこのセド祭を契機に国家宗教のアメンを離れ、アトンに移ることを決意したためだったらしい。その動機の一つがアメン神官団の力に対抗するため、との想像は許されよう。

　アメンホテプ四世はセド祭の準備期間中、芸術の新機軸を打ち出し、宮廷芸術家を集めてその旨を徹底した。これまでのスポーツマン的姿の比較的画一な理想的ファラオ像は中止され、ありのままに描くことになった。しかし初期には行き過ぎもあり、これまでの伝統から

上／セベク神とアメンホテプ三世の像。ルクソール博物館蔵。スポーツマンタイプの勇壮なファラオ像　下／イクナトン（アメンホテプ四世）像。カイロ・エジプト博物館蔵。これまでにないファラオ像を生み出した。ともに『エジプトの秘宝２』一九八四、講談社　四十五ページ、五十六ページ

離れられない者もありで、統一を達するにはさらに数年を要する。とはいえ、高い頬骨、厚い唇、尖って長い顎、狭い肩、やせた胸、出た腹と尻というアメンホテプ四世の姿の方向は決定された。

芸術の新機軸もさることながら、新しいアトン神はアメン神の激しい抵抗を受けたらしい。アトンとは元々円盤を示す言葉で、それが後に太陽の円盤を表す固有名詞となった。したがって初期にはアトンは独立した神の名前ではなく、太陽の一属性に過ぎなかったのである。すでに見たようにアメン神もある意味で新興宗教だが、アメンホテプ四世の提唱したアトン神はさらに若い。隆盛を極めていたアメン神とその神官の抵抗が大きかったのは当然である。

### 遷都と宗教革命

そこでアメンホテプ四世は即位五年目に遷都を決意した。テーベに残るかぎりアメン神とその神官団の抵抗が強すぎたからだろう。テーベから五百キロメートル北のヘルモポリスの対岸でアヘトアトン（アトンの地平線）市の測量、建築を開始した。この時、アメン神の名前を含むアメンホテプからアトン神にちなむイクナトンに改名する。彼はそれまでに自分が造った建築物などにあるアメンホテプの名前を削ったり埋めたりして新しい名前に訂正した。この訂正の跡は現在でも見ることが出来る。

またそれまで国家宗教だったアメン神を退けて、アトン神信仰を国教とした。それまでも王朝交代に伴って主神が交代することはよくあった。しかしイクナトンがそれまでの王たちと違ったのは、他の神々を禁止したことである。神名を削り、テーベの神殿建築を中止した。特に目の敵にされたのは競合相手のアメン神である。その神名削りはかなり徹底したものであり、削られているかどうかでイクナトン以前か以後かの時代決定手段になるほどだ。

イクナトンは一族、官僚機構を連れて、まだ出来上がっていない新首都に引っ越した。そのため初めはテント村を作っての仮住いが続いたらしい。現在テル・エル・アマルナと呼ばれるこのアヘトアトンはナイル河沿いに南北に走る約八キロの道路を中心に作られた。四方には市境の石碑が建てられ、中央に神殿、宮殿、南北に衛星都市を配したものだ。いくつかある神殿のうち最大のものは縦七百六十メートル、横二百九十メートルで、敷地六万七千坪と広大なものだ。東京ドームの約四・七倍になる。町の西側にある港の部分は現在畑の下になっており、まだ発掘されていない。

イクナトンは、前述のように兄トトメスの急死によって即位した、いわばピンチヒッターだ。父アメンホテプ三世のレリーフにもあまり出てこないベンチウォーマーだった彼には皇太子としての責任がなく、その間にアトン信仰を外界と関係を持たない形で純粋培養したのだろう。そうした彼の長いベンチウォーマー生活は王国の高級官僚、神官たちとの接触を最小にした。今風にいえばエスタブリシュメントに人脈がなかったのだ。そこで彼の登用した人物の多くはその前には無名で、その後も少数の例外を除いて歴史の舞台から消え去っている。

ファラオとしてのノウハウを持たないまま王になったイクナトンの業績はいささかおかしなものだ。外交は失敗し、すでに触れた即位三年でのセド祭もおかしなものだし、急な遷都、アトン以外の禁教、遷都後の文書に残る高官たちへのいささか大仰な褒賞などはギクシャクした彼の統治を示すものだろう。

前述したように、アトンという神名は本来〝丸いもの〟という意味の普通名詞だった。古エジプト語ではその意味で使われている例がある。それが中王国時代から徐々に〝日輪〟の意味で使われるようになった。この傾向は新王国時代にはさらに強まり、しだいに神名として固定してくる。イクナトンの祖父トトメス四世は〝地平のアトン〟と自称して、自分の宮殿を〝アトンの館〟と呼んだ。さらに父アメンホテプ三世時代の『太陽賛歌』ではアトンに〝すべてを創造し命を与えた者〟というタイトルが与えられていて、ついに最高神と同じような存在になってしまった。

後代に壊されて、ピュロンの詰め物に使われてしまったカルナックの神殿の壁に彫り付けられた文書が部分的に復元されている。この神殿は、まだアメンホテプ四世と名乗っていたイクナトンが、即位一年目に造ったものだ。それには神が失敗し、天に新しい神が現れたことが記してある。これがアトン神だった。ここではアトン神は鷹の頭を付けた人体で、頭に大きな日輪をいただいた姿で表されている。いくつかのレリーフでは、アトンはその前に供え物を捧げるアメンホテプ四世と同じように腹と尻が出ており、この二人の切っても切れない関係を表しているように思える。その意味でアトンが中王国時代からしだいに神として表されるようになったのとは別に、新しい姿と機能を持ったアトンはアメンホテプ四世、後のイクナトンの創作と言えるだろう。

しかしアトンが鷹の頭を付けた人体で表される時期は短かった。その後の彼は大きな日輪のみで表され、そこから長い細い手が何本も下方に伸び、その手に生命を表す限定辞（第五章参照）を持つ、という描かれ方になる。神がそれまでのエジプト神学における擬人化や動物、鳥の頭に人体を付けた半擬人化から離れて記号化する過程は、後の一神教が偶像を禁止したのを思わせる。

一神教を思わせるどころか、アメンホテプ四世は、イクナトンと改名し、遷都した統治五年目から他の宗教、神々の礼拝を禁止した。それ以前にも予算を削るなどの措置でアトン以外の神々の衰退は始まっていた、と思われる。しかしこれ以降はさらに厳しくなり、石に彫られた神名を削り、アメン神名を含む人名を変えさせるなどの措置が取られたらしい。死者は墓の中に、来世で召し使いにするウシェブティ（第四章参照）を持ち込んでいた。この習慣は変わらなかったが、イクナトンの時代のウシェブティには肝心の呪文がついていない。オシリス信仰もかなりの圧迫を受けたのだろう。

アトン神に祈りを捧げるイクナトン（アメンホテプ四世、中央）と家族。円で表されたアトン神から長い腕が下方に放射状に伸び、それぞれの腕の先に限定辞が付いている。テル・エル・アマルナ出土のレリーフ。カイロ博物館蔵 Nicholas Reeves：Egypt's False Prophet AKHENATEN, 2001

さらに神を表すネチェルという言葉の複数形は統治五年以降はほとんど出てこない。神はアトン一人だけになったのである。しかしこのアトンの属性については新味はない。おそらくはイクナトン自身の作になると思われる、アトンをたたえる『太陽賛歌』から想像できるその属性は、世界性、生命の根源、創造主、超越性、絶対性などであり、アトン以前の神々と変わるところはない。しかもイクナトンはアトン神話を残さなかった。したがってその世界創造、創造以前の世界、人間とアトンの関係、死後などについて、アトンの世界がどういう構造を持っているかについては全く分からない。

イクナトンはこのアトンの子として地上の王位についた。また彼はアトンの意志を知る唯一の者として、その大祭司でもある。アトンはイクナトンを通じて人間にその真の教えを教える。しかしどこにもその教えなるものは記録されていない。アトンはまた一般の人間の間の不正義、不当を防ぎ、弱い者のうめきを聞く神でもない。

## イクナトン家の人々

イクナトンの第一夫人はネフェルティティだった。彼女の美しい頭部の像がベルリンの新博物館に残されている。これは彫刻家トトメス親方のアトリエ跡で発見された。おそらくモデルに使われたものと見られる。王妃が一々モデルになっているわけにもいかなかったからだろう。この像は左目がおかしい。壊れた、というのではなく、意図的にえぐられたような

ネフェルティティ胸像。ベルリン・シャルロッテンブルクのエジプト博物館にて 2004 年に著者撮影。現在はベルリンの新博物館蔵

形だ。なぜそうなのかは分からない。

タラタートとの関連で記した、カルナック神殿境内にあった神殿の一つゲム・パア・アトンには彼女の姿しか彫られていない。ネフェルティティはイクナトンの晩年になるとしだいに影が薄くなるが、初期には彼女の存在は決定的なものだったらしい。しかしアトン神学を作るに当たって、彼女がどのような役割を果たしたかについては全く分からない。

彼女はイクナトンに六人の女の子を産んだ。統治十二年目に外国からの特使が貢ぎ物を持ってやって来た時のレリーフには、一家八人の姿が残っている。その後二年以内に次女のメケトアトンが、十歳か十一歳で死んだ。これがイクナトンにとってどんなに大きな打撃だったかは、その悲しみの姿の絵が王の墓に残っていることでも分かろう。生命を与える唯一の神、アトンの子としてその意志を知るはずのイクナトンとしては、娘を失う悲しさは我々普通の人間の悲しみより大きいのかもしれない。

イクナトン家の悲劇はこの前後つづけざまに起こる。第二夫人のキヤが死亡し、ネフェルティティの母ティイも死んだ。統治十二年目のレリーフの後では下の三人の娘が姿を見せない。このころ、現在のレバノンあたりで発生した疫病がエジプトを襲ったのではないか、との説もある。

こうした状況の中で統治十四年ごろ、長女のマレトアトンが王の信頼を得て、政権の中心的な存在となったらしい。このころ病気になったバビロン王はイクナトンに手紙を書いている。それによると、病気見舞の手紙を書き、贈り物を送ったのは「御息女マヤティ（マレトアトンが崩れた形だろう。それともマレトアトンの愛称か）」だった。バビロン王は、こんな場合には、単なる王女ではなくて王とその妃が見舞の手紙を書くべきではないか、と不満を述べている。この外交事件はマレトアトンがいかに中心的な役割を担ったかの証拠だろう。

そのマレトアトンはイクナトンの統治十五年にスメンフカレという名の若者と結婚した。彼はイクナトンの姉妹の一人を母として生まれたらしい。これが正しいならこの夫婦はいとこ同士となる。この若夫婦が王位についたのかどうかは分からない。イクナトンの統治は十七年で終わる。ところがイクナトン晩年のワインの壺に「(某王の統治) 一年」から「三年」と記した封印がある。これが果たしてスメンフカレが王として年号を数えられたのか、その次のツタンカーメン王の統治年であるのか、分からない。もしかしたらイクナトン王の最後の三年間、スメンフカレが連合統治に入り、一部にその統治年号が用いられたのかもしれない。

イクナトンの後かスメンフカレの後かは分からないが、王になったことだけは明らかなツタンカトンは、イクナトンとその姉妹の子だったらしい (第二章「イクナトンとネルフェルティティの改革」参照)。彼はイクナトンの三女アンヘセンパアアトンと結婚したから、腹違いの姉弟が結婚したことになる。彼は即位後まもなくアトン神を含む名前を捨てて、アメン神に返り、名前もその神名を含むツタンカーメンと変えた。彼は、ほとんど手つかずで発見された彼の墓とその副葬品のおかげで、もっとも有名なファラオとなった。

十七年間にわたって伝統的エジプト宗教の反逆者、背教者となったイクナトンは死に、アヘトアトンのそばにある王墓に葬られた。妃のネフェルティティは彼よりも長生きしたらしい。しかし初期に持っていたような影響力は回復できず、静かに歴史の舞台を去ったらしい。

## ピラミッド文書の食人呪文

サッカラにあるウナス王のピラミッド控えの間の東側の破風に刻まれたものである。（呪文二七三、二七四）

---

天は曇り、星は暗くなる。
弓は揺れ、血の骨は震える。
彼らは沈黙する、ウナスの接近を見たからだ。
父たちにおいて生き、母において養う神として。
ウナスは栄光の主、その母はその名を知らない。

ウナスの威厳は天にあり、彼の力は地平線にある。
彼を産んだ父アトゥムのごとく。
アトゥムは自分よりも強くウナスを産んだ。
ウナスのカアは彼のうしろにあり、婢《はしため》はその足の下にある。
彼の神々はその頭であり、彼の蛇はその眉にある。
ウナスの導きの蛇は彼の額にある。
(その蛇は敵の)バアを見つけ、炎は(それを)焼く。
彼らの身体を食べる。彼らは炎の島から魔法に満ちて来る。
ウナスは装備を調えた者、自分のバアをまとめた者。
ウナスは偉大な者として上る者、腕のところにある者たちの主人として。
彼は背をゲブに向けて座る。
ウナスは名を秘された者とともに裁く。
それは老人を殺す日。
ウナスは捧げ物の主、綱を結ぶ者。
(ウナスは)自分の食事を用意する者。
ウナスは人と神々を食べて生きる者。
ケハラに住む髪をつかむ者はウナスのために彼らを投げ縄で捕らえる者。

鎌首をもたげた蛇こそ彼を守る者、彼のうしろを守る。
赤を超える者は彼のために彼らを捕らえる者。
主を殺したホンスはウナスのために彼らののどを切る。
そして腹のものを彼のために取り出す。
（ホンスは）罰するために（ウナスが）送り出す者。
シェスムはウナスのために彼らを切り裂き、
夕方の鍋で彼ら（神々）を煮て彼（ウナス）の食事を作る。
ウナスは彼らの魔力を食べ、その霊を呑み込む者。
大なる者たちは彼の朝食、中なる者たちは彼の夕食、
小なる者たちは彼の夜食、老人と老婆は彼の薪。
北の空の大なる者は薬缶の下に火をつける者、
最長老の足はそこにある。
天にある者はウナスに仕える、老婆の足で火床が作られるとき。
彼は二つの天を取り囲み、二つの地を巡る。
ウナスは力を超える力を持つ偉大な力。
ウナスは鷹の中の鷹、偉大なアヘムの鷹。
道を見つければ、それを囓る。

ウナスは地平線のすべての偉大な者の前にある。
ウナスは最長老よりも歳ふる神。
数千が彼に仕え、数百が犠牲を捧げる。
神々の父オリオンによって大なる力であると証言される。
ウナスは再び天に現れる。
地平線の主として上エジプトの冠を受ける。
彼は背骨を折り、神々の心臓を捕らえる。
赤冠を食べ、緑冠を呑み込む。
ウナスは賢者の肺を食らい、楽しみは心臓、魔法を食べること。
ウナスは自分の舌が赤冠のセブシュウに触れるのを嫌う。
彼らの魔法が彼の腹に収まるのを喜ぶ。
ウナスの尊厳は取り去られない。
すべての神の知恵を呑み込むからだ。
ウナスの寿命は永遠、その限界は不朽。
「したければして、したくなければしない」が彼の威厳。
彼は永遠に地平線にいる。
彼らのバアはウナスの腹にあり、

その生気は神々の骨で作ったスープのようにウナスとともにある。
彼らの魂はウナスとともにあり、彼らの影は本体から取り去られる。
ウナスは現れて残る者、
（悪を）働く者はウナスの玉座を破壊しない、
この世に生きる者の間で、
永遠に永遠に。

ウナス王のピラミッド控えの間の東の破風。右から三十行分を訳出した。

# 第四章　死と来世

## 死後の世界

エジプト文化は現代の我々には信じられないほど、死と死後の世界に真剣に取り組んでいたようだ。それは時代こそ少し下るものの、すぐ隣のヘブライ文化が死を全く無視したのとよい対照を示している。古代のユダヤ人の世界観には〝あの世〟は存在しない。

しかもエジプト人は、後のキリスト教徒のように死を霊の問題とは見なかった。エジプト人にとって死後の世界は生前の世界と全く変わらない。もちろん多少は理想化されているのだが、死後の世界もその経済は農業に依存している。だから畑を耕さねばならないし、ナイル洪水の前後には水路の整備という重労働もしなければならない。死後のナイルは必ず理想的な量の増水をし、作物はこの世とは比較にならないくらいの収穫をもたらす。とはいえ、労働は労働だ。

エジプト人が死後にも人間は肉体を保ち、食べたり飲んだりする、だから働かねばならない、と考えたのは、その自然条件と砂漠の熱い砂のせいだろう。

太陽は毎日西に沈む。ほとんど一年中を通じて雨のないエジプトでは太陽の運行は印象的だ。一日は日の出に始まり日の入りに終わる。一日の運行を終えた太陽は西に葬られて、翌日は東で再生する。一年は洪水に始まり、洪水に終わる。太陽が出る東側も、夕方沈む西側もナイルが掘り込んだ崖だ。崖の向こうは赤い砂漠で、そこには虚無と野蛮人しか存在できない。大多数のエジプト人の一生は、真ん中にナイルの流れを挟んで崖と崖に挟まれた狭い〝舞台〟の中で繰り返される。一日は前の日の繰り返しで、一年は前の年の繰り返しだ。それならなぜ来世はこの世の繰り返しでないのか。

死んだ人間はほとんどの場合、太陽が一日の旅を終えてあの世に入る西方に葬られた。しかし大事な農地を墓用につぶすわけにはいかない。かといって墓が遠くては墓参りが面倒だ。そこで死人は農地と砂漠の境目の砂の中に埋葬された。熱い砂は強力な脱水作用を持つ。そこで埋葬された死体の一部は自然のミイラとなった。大英博物館のエジプト室にある赤毛のミイラはこうして、埋葬した人間の意図とは関係なく出来たものだ。風が吹いて砂が飛ばされたり、新しい死体を葬ろうとして穴を掘っていたりして、こうしたミイラは人の目に触れただろう。

エジプト人は人間が三つの部分からなっている、と考えた。一つは体。あとの二つはバアとカアである。このバアとカアの区別はエジプト人自身にもよく分かっていなかったらしい。人間が、神クヌムによって作られるとき、おそらくはバアを内蔵する体とカアの二つが一緒に作られる。バアは体を動かす生命力、カアは人格とも言えようか。

バアは一生変化しないようだが、カアの方は体が子供のうちは子供の姿でいるが、体とともに成長する。人間が死ぬとバアもカアも体を抜け出して飛び回ることが出来る。死後のバアは人頭の鳥の姿をして描かれていることが多い。しかし夜になるとどちらも体の中に戻らなければならない。体の中に戻って飲食しないことには「死んで」しまうことになる。この死後の死はすべてを失うものであるらしく、エジプト人は全力をあげてそれを防ごうとした。もっとも死後の死については全く記述がないのだが。

そのためにはまずバアとカアが毎晩帰れるように死体を保護しておかなければならない。そこで墓が作られるようになった。せっかく自然のミイラになっても砂が掘りかえされるようでは大切な体が失われてしまうからだ。ところが皮肉なことに、墓を作ってみると、死体は脱水作用を持った熱い砂との接触を失ってしまった。意図的に、あるいは偶然に墓を開いてみると死体は骨だけになっていた。ここからミイラ作りの技術が開発されるようになった、と思われる。

**初期の墓、マスタバ**

初期の墓はマスタバと呼ばれる。穴を掘って死体を地下に埋めるのだが、その上に石で台のようなものを建設する。後に考古学発掘の作業に雇われたエジプト人がこの墓を見て、「縁台（マスタバ）のようだ」と言ったのがエジプト学の専門用語になってしまった。農村地帯では夏の暑い夕方に庭のマスタバで食事をしたり休んだりしているエジプト人の姿が現在でも見られる。

このマスタバは完全な意味での建築とはいえない。初期には中まで石が詰まっている例が多いからだ。その東側の壁には扉に見せかけた石がはめ込まれる。遺族がその石の前で西を向いて死者を祭るためだ。その石には死者の一代記が書かれている。家族、友人はその扉の前で死者に供え物をする。さもないとバアやカアが飢えてしまうからだ。

だが子孫は永遠に供え物をしてくれるだろうか。死体は果たして保たれるだろうか。死後の世界には終わりがないのだからその用意も周到でなければならない。

そこで東南の角に小さな部屋が作られるようになった。子孫はその小さな部屋に入って供物を捧げる。扉に見せかけた石碑もこの小部屋の東向きの壁に位置を移す。この部屋のそばにはセルダブ（アラビア語で地下室の意）が作られる。ここには死者の像が置かれている。万一ミイラとなった死体が失われたときの用心である。この像さえあれば死体が失われてもバアとカアが帰る所が保証される。小部屋とセルダブの間に小さな穴が通じている例もある。像に帰るバアとカアが葬祭殿に供えられる供物を飲食できるようにするためだ。

他の壁には呪文や絵が描かれるようになった。絵の多くは死後の生活を表している。それは生前の生活とほとんど変わらなかったろう。種まき、収穫、パンやビールを作る姿。子孫が何かの理由で供物をあげなくなってしまっても、この絵が魔法の力で死者の飲食を保証する。それでも駄目なら最後の保険として呪文が書いてある。

マスタバの地下、ミイラの安置されていた穴には死者が生前使った道具、財宝などがあった。墓泥棒の侵入を防ぐため、この墓室に下る縦穴は土砂で埋めつくされる。しかしほとんどすべてが墓泥棒にやられてしまった。それでもこうした事態への備えを忘れなかった死者は、供物をあげるべき子孫はとっくに四散し、墓泥棒にもあったけれど、絵と呪文と像のおかげで死後の世界を楽しんでいるのかもしれない。

マスタバの多くは古王国の首都があったメンフィス近くに集中している。こうした費用のかかる墓を作ることが出来た帝国の高官たちが王の墓のそばに自分の墓も作ったからである。ところが時代が下って王の力が落ちてくると、高官たちは自分たちの領地に墓を作るようになる。

それと共に墓の形式も変わり、斜面に横穴を掘った墓が出てきた。もっとも、平地のメンフィスではこの手の墓は作りにくい。それにはナイル河を少し遡った上エジプトが便利だ。ナイルが長い時間をかけて掘り下げたために砂漠と耕地の間が崖になっているところがいくらもある。しかし基本的構造は変わらない。横穴に入ると一つないしは複数の部屋がある。そこがマスタバの小部屋に当たる葬祭殿だ。ただし構造上無理なのでセルダブは作られない。そのかわり、壁に死者の絵、レリーフが描かれることがある。ミイラは部屋の床にさらに縦穴を掘り、その中に安置されるが、マスタバ同様縦穴は埋め尽くされ、穴の位置も分からないようになっている。もっともそれでも墓泥棒は防げなかった。

## オシリスとイシスの神話

エジプトには実に多数の神がいるが、そのうちでも中心的な一人がオシリスだ。これが冥界の王だ。生前のオシリスは神々の王だった。ところが弟のセツはその地位を奪おうと謀殺を狙う。七十二人の同調者、エチオピアの女王アソと共に計画を練ったセツは、ある時パーティーに出席していたオシリスのところに、この兄に合わせて作ったきれいな箱を持ち込み、誰がこの箱にちょうど合うか、と出席者の一人一人をそれに寝かせた。ちょうど大きさの合う者にはこの箱を進呈する、というわけだ。もともとオシリスに合わせて作ったものだから、彼しかピッタリ合う者はない。オシリスが入るとセツは蓋を閉めて殺害する。セツはこの箱をナイルに投げ込んだ。

オシリスの妹でも忠実な妻でもあるイシスは夫の死体を求めて世界中を遍歴する。イシスは大変な苦労の末、箱に入ったオシリスをレバノンのビブロスで発見した。ナイルから海に入り、流されたのである（ナイルから出た流れは確かに東に回り、現在のイスラエル、レバノンの地中海岸に沿って北上する）。イシスは死体をエジプトに持ち帰るが、ある晩セツに奪われてしまった。完璧を期したセツはオシリスの遺体を十四片に切り刻み、エジプト全土にばらまいた。

イシスは遺体の切れ端を探し歩き、組み合わせて葬った（十四の切れ端がみつかったそれぞれのところに葬った、との説もある）。ホルスは後に父オシリスの敵であり、叔父でもあるセツを討って追放し、王に即位した。オシリスは、頭部がみつかったアビドスに葬られ、冥界の王となる。また死んだあとで蘇ったオシリスは、死んだ植物が残した種が翌年蘇る農業の神ともなった。

どこかシンデレラとガラスの靴を思わせるこの話は、エジプト人ではない、ギリシャ人のプルタルコスが伝えている。オシリスの死後に、それが原因で起こったセツとホルスの争いについてはエジプト側にいくつかの話が伝わっているが、その原因となるオシリスの死そのものについては象形文字は沈黙している。

## 棺と副葬品

マスタバにしても後の洞窟墓にしても、よほどの財力のあるものでなければ望めない。中流以下の者はどうしていたのだろうか。大部分はナイル西岸の砂にただ穴を掘って埋めていたに違いない。それでも古王国末頃からは一般人も簡単な墓を作り始めた。浅い穴を掘って死体を埋め、その上にナイル河の泥で作ったレンガで小さなピラミッドを築く。このピラミッドにはマスタバの小部屋に当たる葬祭殿の役割をするホールがついているものもある。もっとも石造りのマスタバなどと違ってレンガはもろいから、もっと古い時代からあったのが失われてしまったのかもしれない。こうした墓の多くはアビドスに作られた。冥界の王のそばに葬られたかったのだろう。

こうしたピラミッドには、マスタバにつきものだったにせ扉の石碑がある。だが喪主の財力を反映して一メートル足らず、と小さいものが多い。しかもこれが死界への扉であった記憶は失われ、お参りに来るときの目印となっているにすぎない。

棺は古王国時代には四角い箱というに近い質素なものだった。カイロ郊外のギザにあるクフ王の大ピラミッドに残る石棺は、大きさこそ印象的なものの、何の飾りもない。それが時代が下るにつれて、外面ににせ扉を、内面に呪文を彫り付けるなどしてくる。石棺の内部に収める木製の棺はさらに美しい。一面に呪文を書き付け、死後の世界の地図を描いた木棺はどの博物館でもたくさん見られる。

この呪文は死者にとって大切なものだった。後には呪文の数が多くなり過ぎて棺には書ききれなくなったので、つなげば無制限に長くなるパピルスに書かれるようになった。もっとも棺を装飾するよりパピルスの方が安上がりだ、という事情もある。このパピルスに書かれた呪文集が『死者の書』と呼ばれるものだ。

保守的なエジプト人はピラミッド時代以前からの呪文を捨て去ることなく伝え、新たに加えもしたので、中には書いている書記たちにすら分からないものがあったらしい。現在読んでも意味の通じないものがかなりある。

副葬品はツタンカーメンの墓から出たものが有名だ。ツタンカーメンは第十八王朝の王で、短命に終わった宗教革命を起こしたイクナトン王の次か、その次に当たる。彼は十八歳で死んだ。しかもイクナトンの死後あわてて首都をアマルナから元のテーベに移し、アトン神を抹殺してアメン神に返る、という混乱期の少年王だ。したがって自分の墓を準備する暇もろくになかったろう。ところがその副葬品の豪華さ、豊富さは現在でも我々の目を奪うに十分だ。

ツタンカーメンに比べれば、彼の五代後で六十年以上王位にあり、世界帝国を打ち立てたラアメス二世の副葬品がどんなだったのか想像もつかない。現在もナイル西岸に残る葬祭殿だけでも大変な規模だ。その一隅に頭も手足も取れて、トルソだけになった王の石像が転がっているが、残った部分だけでも肩幅が七メートルあり、破壊前の身長は十七メートルと推定される。これから見ても、その財力を傾けて作った墓の副葬品はさぞ見事なものだったに違いない。しかしすべては墓泥棒にやられてしまった。

たった一人、泥棒にやられずに残ったツタンカーメンの副葬品を見ても、エジプト人たちが死後の世界をこの世の続き、と考えていたことが分かる。戦車、幼少の王が生前使ったであろうゲーム盤等が残っている。墓の中には食事のしたくもしてあったが、これが一九八八年、ロンドン動物園の倉庫で〝発見〟された。発掘のあとで運ばれたまま、記録もなく忘れ去られていたものだ。

他に泥棒たちが奪い残したミニチュアの奴隷たち、屋敷、穀物倉庫などが残っている墓もある。船は大切な墓の備品だ。

交通のほとんどすべてをナイル河を航行する船に頼っていたエジプト人にとって、死後も船がなければどこにも行かれない、と考えたのは当然である。実は我々の古代エジプトについての知識は大部分がこれら副葬品によっている。古代エジプト人のこの世の生活の痕跡はほとんど残っていないからだ。もし彼らが死後の世界を純粋に霊的なものと考えて副葬品の必要を認めていなかったら、エジプト人に関する我々の知識は、満足にはほど遠い現在よりさらにずっと貧しいものであったろう。

## ウシェブティ

墓の中にはこうした生前の生活を表すもののほかに小さな人形も置いてある。木製、土器、金属製、と材料は色々あるが、いずれもミイラの格好をしている。これらはウシェブティと呼ばれる。「答えるもの」という意味だ。なぜ答えるものが墓の中に必要だったのだろうか。

エジプト人は死後の世界にもこの世と同じ階級、身分がある、と考えていた。この世ではナイルの水を最大限に利用するために、増水期の終わりに水路を整備しなければならない。そうな畑の耕作、種まき、収穫はもちろんのこと、巨大な建築だってしなければならない。

ればこの世の中央政権から呼び出しがかかる。あの世だって基本的には同じはずだ。

　立派な墓を作っているのはこの世では呼び出す側だった者たちなのだが、あの世でも呼び出す側に立てるかどうか分からない。何といっても、死後の中央政権はオシリス神が中心なのだから。おまけに歴代のファラオたちやその家族もいる。その場合、この世ではやったこともない肉体労働につくのは何としても困る。そこでウシェブティが必要になってくる。呼び出しがかかったとき、主人に代わって「答え」、働きに行ってくれるわけだ。中にはよほどこの呼び出しが心配だったとみえて、千体近くのウシェブティを一緒に埋葬している者もある。「地獄の沙汰も金次第」という諺《ことわざ》のエジプト版だ。

　時代にもよるが、ウシェブティには『死者の書』の第六呪文が書かれるのが普通だった。この呪文はウシェブティがなぜ必要だったかを示してくれる。呪文は次のようだ。「栄光あるオシリス某は言う。『おお、汝、ウシェブティよ、もしあの世でオシリス某がどんな仕事にでも呼び出されたら、彼は強制労働者としての責任を免れる。もし彼が畑に種をまき、運河に水を入れ、東から西へ、あるいはその逆に砂を均《なら》さねばならないとしたら、〝見よ、私がします〟とお前が答えるのだ。』」

　この呪文に「オシリス某」とあるのは、ちょうど日本で、死んだ人が「仏になる」と言うのに似ている。オシリスは本来冥界の王だったが、しだいに死んだ者がこのタイトルを受けるようになっていった。つまり〝某〟が死ねば〝オシリス某〟となる。

中には多数のウシェブティが仕事を怠けるといけないのでムチを持った監督用のウシェブティを作った者もいる。あの世では肉体労働ばかりか、記録も必要になる。そのための書記ウシェブティもある。これらの人形は、おそらくは先史時代の殉死に代わるものだったのだろう。その意味で日本の古墳に見られる埴輪と同じ発想である。

墓を作り、棺を注文し、副葬品を用意するのは時間もかかるし、大変な財力も必要とする。出来れば生前、それもなるべく早いうちから用意するにこしたことはない。となると、墓を作り始める時、あるいはすべての用意が終わった時、人生の終わりに自分の地位がどこまで進むのか、死後の供え物をする嫡男が生まれるかどうか分からない、という事態だってありうる。

それどころか、墓を作り始めたときにはまだ独身で妻の名前など分かるはずもない、という人もいたようだ。アメンホテプ三世時代の高官だったハエムヘトはテーベに立派な墓を作った。この墓には当人と妻の像がある。しかし妻の像の下には「いとしき妻、家の女主人……」とだけあって、その名を書く場所はあるのに空白のまま残されている。独身のまま死んだのだろうか、それとも忙しさに紛れて、墓を作ったあとで結婚した妻の名前を加えるのを忘れたのだろうか。

## ミイラの作り方

これだけの準備をした人が死ぬとどうなるのだろう。まず体をミイラにしなければならない。ミイラ作りだけでもかなりの時間がかかる。ミイラ作りについてはギリシャの歴史家、ヘロドトスが詳しい報告を残している。後に見るように少しおかしいところもあるが、まず彼の報告を見てみなければならない。

先ず曲った刃物を用いて鼻孔から脳髄を摘出するのであるが、摘出には刃物を用いるだけでなく薬品も注入する。それから鋭利なエチオピア石で脇腹に添って切開して、臓腑を全部とり出し、とり出した臓腑は椰子油で洗い清め、その後さらに香料をすりつぶしたもので清めるのである。つづいてすりつぶした純粋な没薬《もつやく》と肉桂《にっけい》および乳香《にゅうこう》以外の香料を腹腔に詰め、縫い合わす。そうしてからこれを天然のソーダに漬けて七十日間置くのである。それ以上の期間は漬けておいてはならない。七十日が過ぎると、遺体を洗い、上質の麻布を裁って作った繃帯《ほうたい》で全身をまき、その上からエジプト人が普通膠《にかわ》の代用にしているゴムを塗りつける、それから近親の者がミイラを受け取り、人型の木箱を造ってミイラをそれに収め、箱を封じてから葬室内の壁側に真直ぐに立てて安置するのである。

以上が最も高価なミイラ調製の方法であるが、多額の出費を厭って、中級のものを希望する人の場合は、次のようにして作る。杉から採った油を注入器に満たすと、遺体の腹部一杯に注入する。腹部の切開もせず臓腑の摘出も行なわないのである。肛門から油を注入し逆流せぬようにとめてから、所定の日数だけソーダに漬けておき、七十日目になって先に注入した杉油を腹から流し出す。この油の効果は、腸やその他の内臓を溶解し自分と一緒に体外に排出してしまうことである。またソーダは肉を溶解してしまうので、後には皮膚と骨だけが残るのである。右の操作が済むと、職人はあとはもう何も手を加えず、そのまま遺体を引き渡すのである。

最も財力の乏しい者の場合に用いるミイラ調製の方法とは、下剤を用いて腸内を洗滌した上で七十日間ソーダ漬けにし、それから引き渡すのである。（ヘロドトス『歴史』巻二、八六から八八、岩波文庫、松平千秋訳）

我々が知っている最初のミイラは第四王朝のヘテフェレス妃のものである。それ以来三千年近くにわたってミイラ作りの技術が進められた。ところで日本語に入ったポルトガル語起源のミイラとは元来アラビア語のアスファルトを表すムミヤから来ている。ミイラの肌が黒くなっているためだ。

ヘロドトスがミイラ作りの材料として述べているソーダは自然に採れる。長い間、ヘロドトスの叙述から、ミイラ職人はソーダの溶液に遺体を漬けたもの、と考えられていた。しかし最近になって動物の死体を使って実験したところ、固形状のソーダで遺体を覆ったほうが脱水の効果が上がることが分かった。ミイラの中には体の一部を犬かジャッカルに食われているものがあり、これも死体がソーダ溶液のプールに漬かっていたわけではないことの証拠になるかもしれない。

また、もし溶液が使われたとしたら、たくさんの風呂桶のようなものが発見されていなければならない。ところがそうした出土品はない。おそらくは大きなまないたのようなものの上におかれた死体がソーダに覆われていたのだろう。またヘロドトスは七十日間ソーダに漬けた、と言っているが、実験によると人間ほどの大きさの遺体でも四十日で十分、との結果が出た。ヘロドトスが言っているのは前後の処置も加えた総工程のことだろう。

死体がミイラ作り業者の手に渡されると、まず脳が取り除かれる。大抵左の鼻の奥の骨を砕き、そこから曲がった針金を入れて脳を細かにくずす。その後で脳をスプーン状の器具で汲み出す。エジプト人は脳はなんの機能も果たしていない、と考えていたため、それを大事に扱うことはなかった。彼らにとって思考、感情の機能は心臓が受け持っていたのである。

人体でもっとも腐りやすいのは内臓だ。経験的にそれを知っていたエジプト人は脇腹を切って内臓を取り出した。その切開に金属ナイフでなく、エチオピア石が使われたのは、ミイラ作りが金属文化以前の宗教性を帯びていたためだろう。取り出された内臓はソーダで処理されたあとカノピック・ジャーと呼ばれる四つの壺に詰められる。この壺の蓋はホルスの四人の息子の頭の形をしており、死者が飢えに悩むことのないように守護する。〝杉油〟はヘロドトスの誤解だろう。内臓を溶かしてしまえる油など知られていなかった。

内臓を除かれた死者は体の上下から内部までをソーダまぶしにされて四十日の脱水処理にかかる。腐敗を防ぐには冷蔵、防腐処理、乾燥といった方法があるが、エジプト人が知っていたのは乾燥だけだ。

この処置が終わると、遺体は皮膚に包まれた骨になる。目方も生前の約四分の一に減ってしまう。このままでは遺族の思惑もさることながら、当人のバアやカアですら見まちがえるだろう。そこで体の内部や口の中などに詰め物をして、生前の姿に近付ける努力がはらわれる。ヘロドトスの記述によれば高価な香料が詰められるが、必ずしもそうではなかったようだ。もっとも費用をかけたはずの王のミイラですら、砂、藁《わら》、おがくずなどを詰めたものがある。第二十一王朝のヘトタウィ王女は頬の詰め物が多すぎて、墓に納められてからさらに乾燥して収縮が進んだ結果、顔の皮膚が破れて詰め物がはみ出してしまった。腹の傷跡は縫い合わされるが、かなりいい加減な縫い方をしたものも多い。

こうして作られたミイラは最後に包帯で包まれる。実はミイラ作り技術が最高に達する第二十一王朝まで、死体が保たれる可能性は多くなかった。このため、包帯巻きの技術が大切なものとなる。古い時代のミイラの中には包帯は人体の姿を保っているものの、中の死体は腐って骨だけになっているものがあるほどだ。それだけに包帯巻きは時間をかけて慎重に行なわれた。また包帯の中にはお守り、『死者の書』などが巻き込まれる。

包帯巻きが終わるとミイラは家族に手渡されるが、その前に死体と接したすべてのものが集められる。ソーダ、一時的な詰め物などすべてが壺に詰められて墓の近くに埋められる。これには二つの目的があったらしい。一つは、敵がこうしたものを手に入れると、それを通じて呪いをかけることが出来るからだ。髪の毛を入れた人形で呪いをかけるブードゥーなどと似たような思想である。もう一つには、こうしたものの中に死体の一部が落ちているかもしれないからだ。もしかしたらそのために来世での再生がうまくいかないかもしれない。

ミイラ作りは紀元後三、四世紀まで行なわれたが、最盛期の技術の高さには比べるべくもない。その後コプト教徒が細々と続けたが、それも六四一年のイスラム侵入で終わった。

こうして時間と費用をかけて作ったミイラも多くは、骨になってしまわないまでも、アスファルトの塊のように黒くなった例が多い。墓泥棒の裁判の記録にも残っているが、ミイラは火をつければよく燃える。しかしまるで生きているかのようにうまく保たれたものもある。こうした成功例では顔の特徴から血縁関係が推定できるほどだ。

エジプト人がミイラにしたのは人間に限らない。ほとんどあらゆる動物が宗教的意味を持っていたため、犬、猫、鰐《わに》、魚、蛇などのミイラが残っている。アピスと呼ばれる聖牛がいるが、これも死ぬとミイラにされた。牛のように大きいものをミイラにするのは最高の技術を要したことだろう。

もちろんペットをミイラにする者もいた。処女であるべき女性神官のミイラと同じ棺の中に子供のミイラがあった。いささかこの女官の素行を疑わせる情景である。ところが、この子供のミイラの包帯を解いたところ、これが猿のミイラであることが分かった。女官は最愛のペットをあの世にも連れていったのだろう。

家庭、愛、出産などをつかさどる猫神のバステトを祭ったブバステスには大量の猫のミイラが葬られていた。イビスの頭をした神々の書記、トトを祭ったヘルモポリスにはイビスのミイラがたくさんある。お参りに来た善男善女がお参りの際にこれらのミイラを買って納めたのだろう。それは今日我々がお寺参りするときに線香を買って供えるのと変わらない。もっともこれらのミイラの中には外形はそれらしく出来ているのに、中身は木の枝などでごまかしてあるものもある。業者が生産コストを抑えるために〝上げ底〟で作ったものにちがいない。インチキは何千年も前からあった。

## 葬式とその後の供養

こうしてミイラが出来たからといってすぐに葬式になるわけではない。余裕があれば、ミイラはアビドスにお参りするのが普通だったようだ。アビドスは何と言っても冥界の王、オシリスの埋葬地である。そこに埋葬されるのが一番だが、色々な事情でそれが出来ないなら、お参りくらいはしなければならない。アビドスでは土地の神官によるお祓《はら》いがあっただろう。あるいは巡礼記念のお守りを買ったのかもしれない。

アビドス参りが済むと故郷に帰り、葬式になる。生きた人間が住んでいるのは多くの場合ナイル河の東岸だ。そこから死者の国、西岸に船でわたる。棺の乗った船の前後は遺族、友達の船、副葬品を載せた船、葬儀に必要な犠牲、花、野菜などを載せた船が行く。男も女も手を上げて嘆き悲しんでいる。職業的泣き男、泣き女もいたらしい。死後の世界が約束されているとはいえ、死別が悲しいのは古今東西変わりがない。

西岸につくと、ミイラを納めた棺は船のままソリに載せられて墓まで運ばれる。ソリを引くのは牛だ。すでに準備された墓の前に祭壇が作られ、犠牲が捧げられる。神官は、死者が無事にオシリス王に受け入れられるよう、呪文を唱える。棺にはあの世の絵地図があり、神々に質問された時の受け答えを記した『死者の書』を持っているとはいえ、出来るだけの手は尽くしておかなければならない。最後に神官はミイラの口開けの儀式を行なう。これが実際どういうことをするのか、何のためだったかははっきりしないが、非常に重要な儀式だったらしい。

葬式が済むと遺族、友達は生きた人間の世界に帰る。その後、一定の日を決めて墓参りなどがあったのだろうが、それについては分からない。『死者の書』ならぬ、『死者への書』が残されている。残された遺族が死んだ者に愚痴をこぼす内容が多い。

遺族には死者の食物を定期的に捧げる、という義務があった。一体いつまでこれが続けられたのだろうか。死者はつぎつぎと出る。世話をしなければならない墓の数は増えるばかりだ。我々の世界でも死後五十年目にも法事をする人は少ない。エジプト人だって死んだ者の直接の記憶がなくなるころにはサボりがちになったのではないだろうか。

そこで経済的余裕のあるものは、神官と契約を結び、永代供養を約束した。これは神官に一定の畑を与えてその費用に当てた例が多い。しかしこれも遺族が没落したり、王朝が代わって政治的に混乱したりした場合などには中断されてしまったろう。その証拠に墓を作る費用のない人が、無縁になっている墓を改造して再利用した例がいくらもある。

しかしたとえ遺族や契約をした神官が供養を止めてしまっても、墓の中に描いた絵、ミニチュア、呪文、ウシェブティなどがある。これらは十分に来世の安楽を保証してくれるはずだった。この最後の手段をも危うくするのが墓泥棒だ。墓の中には副葬品がある。一般の人間の墓の副葬品は限られている。しかし王、王族、高官の墓は文字どおり宝の山だ。副葬品だけ取っていってくれるのならともかく、墓泥棒はミイラの包帯の中に巻き込んだお守りまで盗む。そのためにミイラが損傷されるのはいうまでもない。墓は人里離れた砂漠にあり、いくら監視をしても防ぎきれるものではない。それでも中央政府がしっかりしている時期はよかった。王やその家族の墓には当然見張りがついていたからだ。しかし中央政権が倒れると、警察組織も怪しくなる。

## 墓泥棒

エジプト考古学者たちはたくさんの墓を発掘してきた。しかしほとんどの墓は空っぽだった。そこで一九二二年にツタンカーメンの墓が見つかって、そのすばらしい副葬品が出てくるまで、エジプトには大掛かりな副葬品を埋める習慣はなかったのではないか、との極端な意見すらあったほどだ。こうした意見の根拠となったのは、ほとんどの墓を徹底的にさらってしまった墓泥棒たちの所業の結果だったのである。

古王国時代には墓泥棒を防ぐ手段としてもっぱら巨大な墓、深い穴に頼った。そのよい例がカイロ郊外のギザにある大ピラミッドだ。本来ピラミッドはマスタバの発展したもの、と考えられる。サッカラにあるジョセルのピラミッドが最古のものと考えられるが、これはマスタバの上にあとから設計変更をして階段型のピラミッドを積み上げている。墓室の上にある構造が巨大なほど、墓を破るのは困難になるはずだった。

同じサッカラにあるウナスのピラミッドは内部の壁を埋めている宗教文書で有名だ。現在このピラミッドに入ろうとすると、一ヵ所四つん這いにならなければならないところがある。これは玄室に入る道に三枚の巨大な花崗岩の板が落ちていた場所だ。古代エジプトには花崗岩よりも堅い材料はなかった。つまり当時としては最大限の保護のはずだった。それでも盗賊の禍《わざわい》は免れていない。

古王国が終わり、第一中間期が始まった時期のエジプトは中央政権を失い、各地に出来た小土侯国同士の内戦が続いたろう。墓の警備も緩んでしまったに違いない。分裂期は墓泥棒の稼ぎ時だ。もっとも中央政府の存在が墓の安全を保証したわけではない。それどころか、墓を守るべき警察、神官などが墓泥棒をはたらいたらしい形跡さえある。情報を持ったものが官憲の妨害を心配せずに仕事できるのだから、これは有利だ。しかし大規模な墓荒らしがこの中間期に行なわれたのは間違いない。何と言ってもピラミッドやマスタバは目立ち過ぎる。そこを掘れば宝の山に行き着くことは誰でも知っていた。おまけに多数の人間が墓の建設に携わっていた。あらゆる予防措置はそれなりの効果を現したのだろうが、泥棒たちの決意を挫《くじ》くには至らなかった。

そこで第十八王朝以降の王たちは全く別の方法を選んだ。首都のあったテーベの西岸に現在ビバン・エル・マルクと呼ばれる谷がある。この谷に入るには三本の細い道があるに過ぎない。この三ヵ所を数人が監視すれば谷全体を容易に守ることが出来る。この自然の要害を、もっとも大切で、もっとも豊かなために狙われやすい王たちの共同墓地にしたのである。これが現在〝王家の谷〟と呼ばれるところだ。これなら保護は簡単だし、たとえ泥棒が道なき所を通って入ってもすぐに目につくはずだった。

しかも墓の建設に携わる労働者は一ヵ所に集められ、彼ら専用の村が作られた。墓に関する秘密が外に漏れないようにするためである。この新しいタイプの墓は岩を掘って作られる。この谷の岩が石灰岩で掘りやすかったのも幸いした。墓の上にはピラミッドのような目立つ目標はない。供物を供える葬祭殿は、墓の位置を明かさないよう、山を越えた別の谷に作られた。

## 墓泥棒裁判Ⅰ

しかしそれでも墓泥棒の手を免れることは出来なかった。幸いなことに第二十王朝の裁判所はパピルスに書かれた墓泥棒裁判記録を我々に伝えてくれる。そうしたパピルスの一つがロンドンの大英博物館にある。パピルス・アボットの名で知られるこの裁判記録は一〇二二一の番号を付けられており、幅四十二・五センチ、長さ二メートル十八センチと大きなものだ。保存は非常によく、現在は二つに分けられてガラス板に挟まれて展示されている。

当面我々に関係があるのはその表面（パピルスは裏面にも書くのが普通）に書かれた七ページ分である。この七ページは第二十王朝の八代目、ラアメス九世の第十六年、洪水の季節三月十八日から二十一日までの記録が記されている。紀元前十二世紀後半のことだ。

テーベの西岸にある王族などの墓が破られている、との信頼すべき報告があり、さっそく調査が開始された。初日には第十一王朝の墓二つ、第十七王朝の墓七つ、第十八王朝の墓一つなどが調査された。第十八王朝のアメンホテプ一世の墓が破られているとの情報はテーベ市長パアウェルがもたらしたものである。ところが調べてみるとアメンホテプ一世の墓は無事だった。結局、ファラオ一人と身分の低い者たちの墓多数が盗掘にあっているのが発見された。調査を率いたパアウェルアアはこの日の内に被疑者の名簿を提出し、彼らは自白した。

二日目、事態を重視したラアメス九世政権の最高官たちは自らナイル河を渡り、現在〝王妃たちの谷〟と呼ばれる地区を視察した。ここには歴代ファラオの妻、子供、母たちが葬られている。二年前に墓泥棒の罪で取り調べられた銅細工師のパアハアウルがこの一行に加えられた。彼は今回の事件に関して、ラアメス三世の妻イシスの墓を荒らした、と自白していた。

ところがパアハアウルは現場検証しようとすると、何度も叩かれたにもかかわらず、作りかけの墓と墓工事人の小屋の位置しか示すことが出来なかった。あたりの墓を調べると、いずれも無事だった。そこでテーベまでお祝いの行進になる。ところが二日目の夜のこと、テーベ市長パアウェルは墓の管理人たちから、少なくとも五つの墓が破られており、お祝いは早すぎた、との情報を聞く。

二十日の朝、前夜の会話はすでにパアウェルアアの耳に入っていたと見え、彼は首相にこの件に関する書類を提出する。墓の管理人が命令系統を無視して情報をパアウェルに流したことを怒っており、さっそく五つの墓を調査するように進言する。

二十一日、法廷が召集された。パアウェルが召喚された。もちろん銅細工師のパアハアウルとその二人の仲間も召喚されている。裁判長を務める首相は、パアウェルの情報は誤っていた、として銅細工師のパアハアウルとその二人の仲間を釈放した。

記録はここで終わっており、無駄に騒がせたパアウェルがどうなったかは分からない。これは単純な墓泥棒事件というよりはパアウェルとパアウェルアアの勢力争いだったのだろう。

## 墓泥棒裁判Ⅱ

やはり大英博物館にあるパピルス一〇〇五二番はもっと単純な犯罪の例を伝えている。以下パピルスの四ページ六行目から十一行目までを訳出する。ここには訊問を受けても無罪の主張を翻《ひるがえ》さず、最後には釈放されるという珍しい例がある。

訊問。アメン神殿のラッパ手アメンハアウが連れてこられた。首相は言った。「お前が香料係シェドスウヘンスウと一緒に偉大な墓を襲い、盗んだあと銀を持ってきたのはどうしたことだ。」彼は言った。「とんでもない。とんでもない。このラッパ手ペルパアチャアウは私の敵です。私は彼と喧嘩しており、彼に『お前は墓でしたこの盗みのために殺されるだろうよ』と言いました。すると彼は『俺が行く（死ぬ）ならお前を連れていくぞ』と言いました。」彼は手と脚を杖で打たれて調べられた。彼は言った。「私は誰も見ていません。もし見ていたら申し上げたでしょう。」彼は二つの別の拷問道具（名前はあるが何だか分からない）で調べられた。彼は言った。「私は誰も見ていません。もし見ていたら申し上げたでしょう。」彼は夏の季節四月十日に再び調べられたが、無罪と認められて釈放された。

訊問。シェドバアグの奴隷デガアイが連れてこられた。彼は牛飼いブハアフに使われている。彼は言った。「お前が主人のブハアフなどと行なったという話は何だ。」彼は言った。「何も見ませんでした。」「この銀はどうしたのか。」彼はそれを香料係ネスアモンとその泥棒仲間のところで見つけた。彼は杖で調べられた。彼は言った。「止めてください。話します。」彼は言った。「百姓の監督アヘンメヌ……（数語欠）……ブハアフの兄弟で牛飼いのパイス、牛飼いペザザ、アメン神殿の財宝庫護衛アハウティがいました。」彼は言った。「彼らはラッパ手ペルパアチャアウの家で銀を分けました。」

これは検事も弁護人もいない裁判で、拷問は日常茶飯事だ。中には法廷に引き出されて、質問もされないで殴られるものもある。一方なぜラッパ手のアメンハアウが釈放されたのかは分からない。

こうしたきつい裁判と厳しい罪にもかかわらず墓泥棒は止まなかった。有名な第十九王朝のラアメス二世のミイラは十九世紀の墓泥棒によって発見されたくらいだ。

衰退期の第二十一王朝の頃、神官たちは歴代ファラオの墓が荒らされるのを憂慮した。そこで四十九体のミイラを墓から運び出し、王家の谷からほど近い穴に移送した。この穴は崖の途中にあり、なかなか近付けなかった。ろくな副葬品もなく、装飾もない狭い穴に同居した四十九人は、三千年近く穏やかなあの世の生活に入った。もっとも供え物もなし、壁画も呪文もウシェブティもなかった彼らがちゃんとあの世の生活を楽しめたかどうかは保証の限りではない。

好事魔多し。十九世紀半ばになって、四十九人が同居していた穴の近くにあるエル・クルナ村のアブデルラスル家の兄弟がこれを発見した。彼らはルクソール（古代のテーベ）の高官アガ・アヤトと組んで十年間にわたって、これらファラオたちのお守りなどを売っていた。事件が解決したのは一八八一年のことである。現在これら四十九人はカイロのエジプト博物館のミイラ室に安置されている。

# 第五章　言葉と文字

## シュメル文字とエジプト文字

紀元前四千年期のあるとき、古代オリエント世界の東西で文字が発明された。東のメソポタミアにいたシュメル人と西のエジプト人である。時期的には東の方が少し早かったらしい。両方とも物の形を簡略化して文字にしている、という共通点がある。もっともシュメル人は、理由は分からないが比較的早い時期に文字を九十度回転させた。しかもまもなく主に使った粘土板に書きやすいくさび形文字に移ってしまった。したがってくさび形文字からその基本になった物の形を判別するのはむずかしい。

それに対してエジプト人は三千年以上にわたって物の形そのものを文字とした象形文字を失わなかった。現在知られている最後の象形文字による碑文は紀元後三九四年のものだ。

オリエントの東西で生まれた二系統の文字の違いはそれだけではない。シュメル人の文字は日本語の平仮名に似て、一文字で子音と母音の両方を表す。たとえば「か」はkという子音とaという母音がいっしょになっている。それに対してエジプトの文字は特殊な場合をのぞいて子音だけしか表示しない。しかし、両方とも漢字に似た、意味を持つ文字を含んでいるという共通点もある。

子音だけしか表さない、というのは変に見えるかもしれない。しかしアラビア語、ヘブライ語などのセム語はごく一部の例外を除いて母音を表さない。例外の一つ、アッカド語は文字をシュメル人から借りたために平仮名のような音節文字を使う。もう一つの例外、古代エチオピア語（ゲエズ）は母音の表記をインド人から習ったらしい。その母音表記をセム起源の子音につけて使った。だからエジプト語が子音のみ表記するのは、古代オリエントという環境では多数派に属している、とさえ言える。これはセム語でもエジプト語でも子音が意味の本体を担ったからだろう。日本語のように、ハン（半）、ヒン（品）、フン（分）、ヘン（変）、ホン（本）と母音の差で意味が全く変わってしまう言語ではこういうことは起こらない。

かつて、シュメルとエジプトの二つの民族は独立に文字を発明した、と考えられていた。両者の間の距離は遠く、間に砂漠、海という障害もあったことから、交渉があったのが信じられなかったからだ。しかし最近になって紀元前四千年期のエジプトからメソポタミアの遺物が出てきた。このことから、通商というほどの規模ではなく、また相互的でなかったにしても、少なくともエジプトがメソポタミアの影響を受けたことが予想される。おそらく文字を産み出すに十分な文化的成熟を果たしていたエジプトが、一足先に文字を作り上げていたメソポタミアからのヒントを得て急速に自らの文字を作り出したのだろう。

シュメルには完全な文字に至る前の絵文字の段階があるのに対して、エジプトでは初めからほぼ完成した形で文字が出てくる。これもシュメル影響説を助けるかもしれない。おそらくエジプト人は、シュメルからのヒントのおかげで試行錯誤の手間を省くことが可能だったのだろう。もっとも、初期のエジプト人は何か保存されにくいものに文字を書いていて、ある時期から石に彫りつけ始めた、だから初期発展段階は残されていない、という仮説も成り立つのだが。

## 表音文字と表意文字

エジプト文字は二つの種類に分けられる。一つは表音文字で、現在のアルファベットに似ている。もっともアルファベットと違うのは、一つの文字が一つの音を表すとは限らないことだ。まず一文字一音の例を見よう（表5・1）。一文字二音、一文字三音の例もある（表5・2）。古代エジプトで用いられた象形文字は神聖文字、ヒエログリフと称されるものだ。

子音しか表示されないのは前に述べた。母音再構成はこれまで何度か試みられたが、成功の見込みは立たない。とは言え母音がなければ発音できなくて不便だ。そこで現在では普通便宜的に子音の間にeを入れている。たとえば*pr*（家）は〝ペル〟、*nfr*（美しい）は〝ネフエル〟と発音される。ꜣやꜥなど喉音《こうおん》の場合は、セム語（特にヘブライ語）にならって、aを入れることが多い。

だから現在のエジプト学者の発音を古代エジプト人が聞いても全く分からないはずだ。そ

表5・1　エジプト語（神聖文字）の表音文字　一文字一音のもの

| 文　字 | 音　価 | 形 | 近い音 |
|---|---|---|---|
|  | *ȝ* | 鷲 | ア |
|  | *i* | 葦 | イ |
|  | *c* | 腕 | ア |
|  | *ω* | ひよこ | ウ |
|  | *b* | 脚 | ブ |
|  | *p* | 椅子 | プ |
|  | *f* | 角の生えた蛇 | フ |
|  | *m* | フクロウ | ム |
|  | *n* | 水 | ヌ |
|  | *r* | 口 | ル |
|  | *h* | 畑の仮小屋 | フ |
|  | *ḥ* | 麻 | フ |
|  | *ḫ* | ? | フ |

| 文　字 | 音　価 | 形 | 近い音 |
|---|---|---|---|
|  | *ẖ* | 動物の腹 | フ |
|  | *s* | かんぬき・たたんだ布 | ス |
|  | *š* | プール | ジュ |
|  | *ḳ* | 丘 | ク |
|  | *k* | コップ | ク |
|  | *g* | ジャーのスタンド | グ |
|  | *t* | パン | トゥ |
|  | *ṯ* | ロープ | チュ |
|  | *d* | 手 | ドゥ |
|  | *ḏ* | 蛇 | ジュ |

表５・２　一文字二〜三音のもの

| | | | | | | | |
|---|---|---|---|---|---|---|---|
|  |  |  |  |  |  |  | 文字 |
| *nfr* | *ḥtp* | *sw* | *nw* | *wn* | *nb* | *pr* | 音価 |

の上、子音にしても互いに違いがあるのは分かっているが、それが実際どう発音されたかの確証はない。おまけにアクセントも分からない。これでは古代エジプト人に分かってくれ、というほうが無理だろう。

もう一つの種類の文字が表意文字である。当然このほうが表音文字より数が多い。この表意文字が約七百ある。もっとも最末期のプトレマイオス時代には文字数が約七千に増えた。表意文字である点では日本語に出てくる漢字とよく似ているが、使い方は少し違う。たとえてみれば漢字の部首に似ているかもしれない。

たとえば太陽を表す表意文字がある（表5・3）。太陽そのものはラアだが、最後にこの表意文字がつくのは言うまでもない。アルファベット表と比べてみれば分かるが、最初の二つの文字がrと日本語にはないʿという音を表し、最後の表意文字が「太陽に関するもの」というこの単語の概念規定、ないしはこの単語の入るべきカテゴリーを示す。しかし太陽は太陽そのものであるばかりか、日時を表す基本でもある。したがってヘルウ「日」、ウェヌウト「時間」はいずれも太陽を表す表意文字が最後についている。さらに「(日や月が) のぼる」という動詞のウベン、「一日を過ごす」という意味のウェルシュなどにも太陽がついている。

こうした性格のために表意文字はふつう限定辞と呼ばれる（表5・4）。クサカンムリ、キヘン、ヤマイダレなどの部首がその漢字の大まかな意味、カテゴリーを表すのとよく似て

| | | |
|---|---|---|
|  | （太陽を示す表意文字） | |
|  | ラ　ア | 太　陽 |
|  | ヘルウ | 日 |
|  | ウェヌウト | 時　間 |
|  | ウベン | （日や月が）のぼる |
|  | ウェルシュ | 一日を過ごす |
|  | シュウ | 太　陽 |

表5・3

いる、と言えるだろう。ただ漢字の部首とちがって限定辞だけが使われることもある。そうなると太陽を示す表意文字はラアともなるし、別の神、シュウなのかもしれない。このあたりは日本語を学ぶ外国人が一定のコンテキストにある漢字の読みを選ぶのに苦労するのと似ていないこともない。

こうした象形文字は書くのが大変だ。文書を永遠に残すため、時間と費用を惜しまずに石に刻み込むときはともかく、日常の用を足すにはいささか不便である。また日常の手紙、受取、注文書、小説などを石に刻むわけにはいかない。そこでエジプト人は、一方で

表5・4　限定辞表

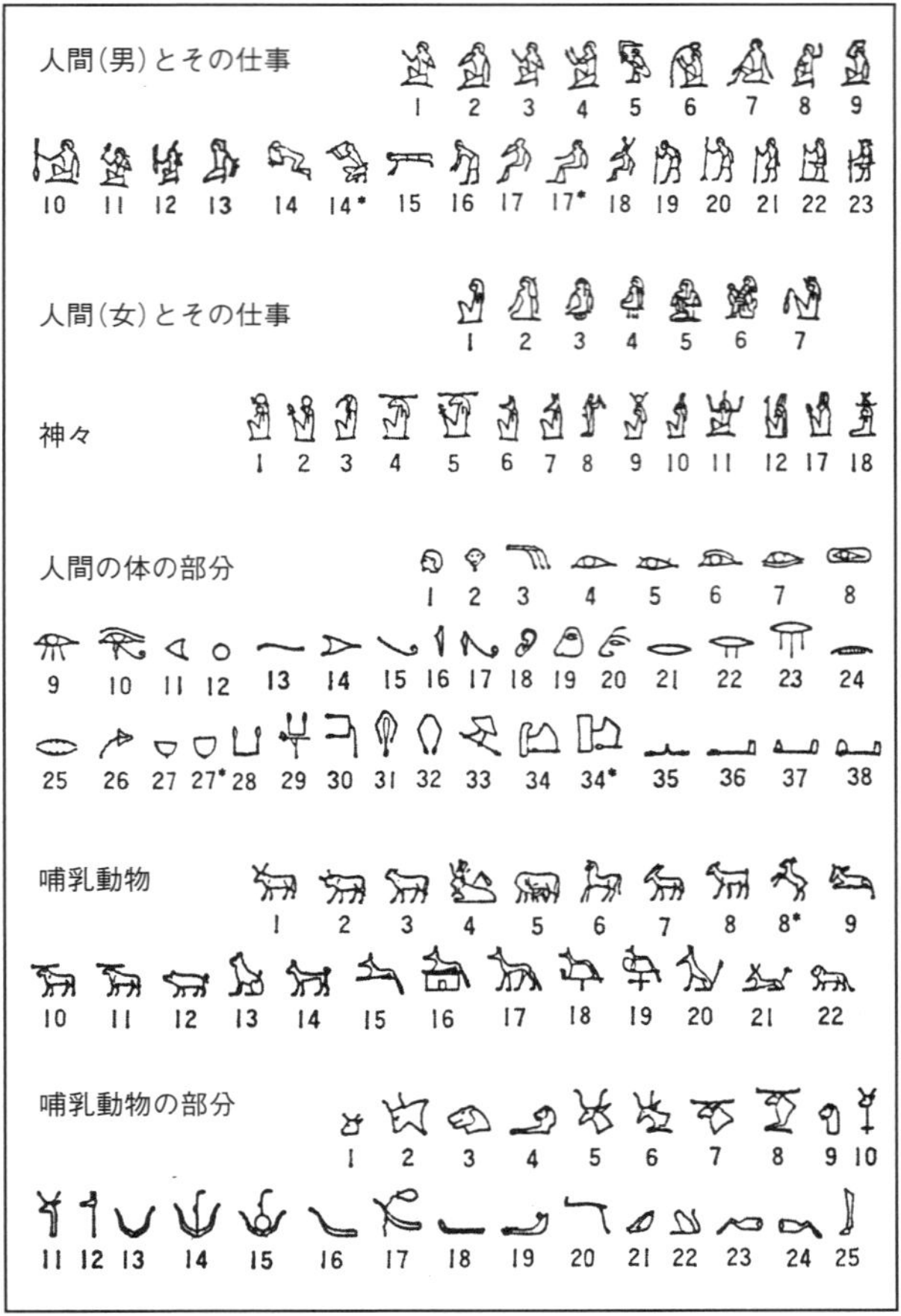
人間(男)とその仕事
1 2 3 4 5 6 7 8 9
10 11 12 13 14 14* 15 16 17 17* 18 19 20 21 22 23
人間(女)とその仕事
1 2 3 4 5 6 7
神々
1 2 3 4 5 6 7 8 9 10 11 12 17 18
人間の体の部分
1 2 3 4 5 6 7 8
9 10 11 12 13 14 15 16 17 18 19 20 21 22 23 24
25 26 27 27* 28 29 30 31 32 33 34 34* 35 36 37 38
哺乳動物
1 2 3 4 5 6 7 8 8* 9
10 11 12 13 14 15 16 17 18 19 20 21 22
哺乳動物の部分
1 2 3 4 5 6 7 8 9 10
11 12 13 14 15 16 17 18 19 20 21 22 23 24 25

ナイル河畔にたくさん自生していたパピルスを使って紙を作り、他方そのパピルスに書くためにより簡単な文字を作り出した。これはふつう、「神聖文字」と呼ばれる象形文字に対して「神官文字」と呼ばれるが、いわば楷書に対する行書のようなものだ（表5・5）。

もっともそのパピルスにしても安いものではない。そこで不用になった書類を洗ってインクを落とし、再使用することもある。またもっと安くて簡単な材料も使われた。土器の壊れたかけら、石灰石の平らな表面などである。

この神聖文字、神官文字という用語はいささか正確さを欠いている。神聖文字で書いた、神聖でない歴史叙述もあるし、神官文字の使用は神官だけに限られるわけではなく、それで書いた恋の歌、行政文書などもあるからだ。また同じ文書がまず神聖文字で石に彫られ、それがあとになって神官文字でパピルスに筆写された例もある。さらに、大きな壁面を覆う神聖文字の文書を書く場合、足場の上にのった石工たちはパピルス、陶片などに書かれた下書きを持っていただろう。これらは残っていないが、より簡便な神官文字で書かれていたものと思われる。またパピルスに神聖文字で書いてある例もある。

文字としてはこれらの二種類のほかに民衆文字がある（表5・6）。行書の神官文字よりも新しく作られた草書、と言ってもよいかもしれない。もっともこの文字で書かれたエジプト語は、語彙《ごい》の点でも文法的にもそれまでの言葉と多少違ってはいるのだが。

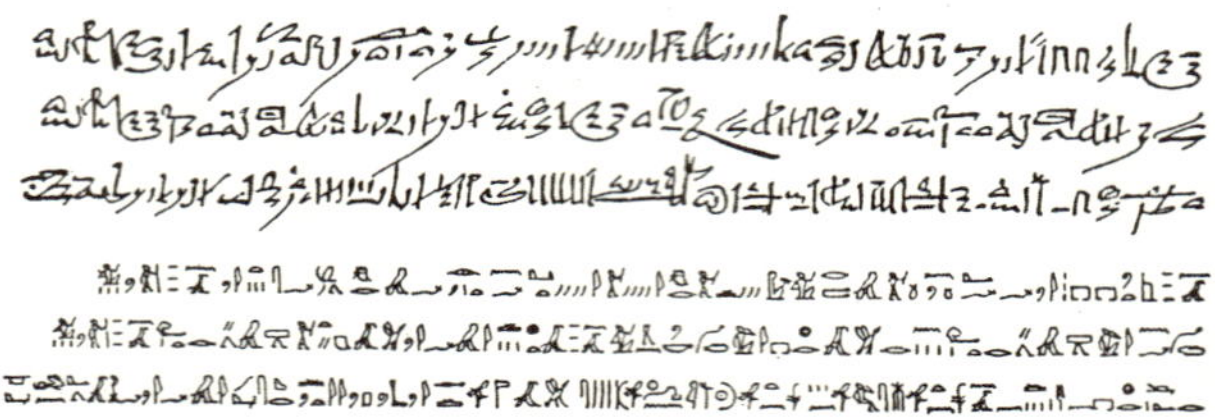

表５・５　第二十王朝の神官文字とそれに対応する神聖文字
A.Gardiner：Egyptian Grammer Plate Ⅱ

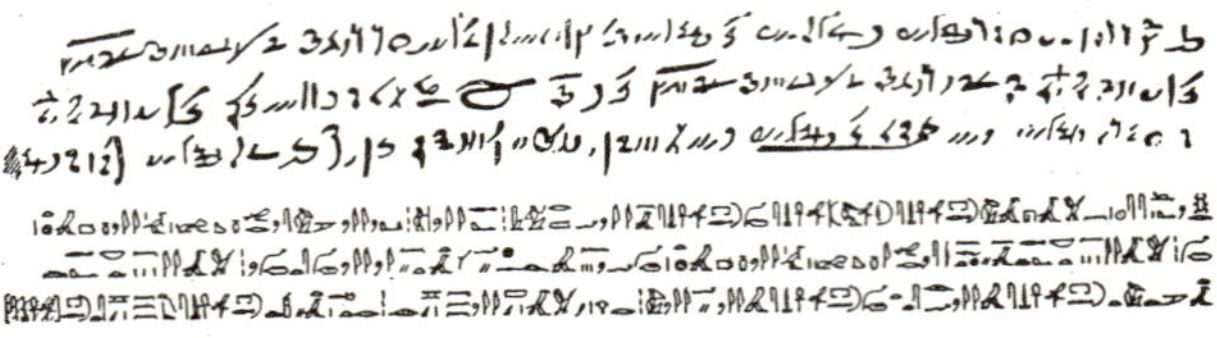

表５・６　紀元前三世紀の民衆文字とそれに対応する神聖文字
A.Gardiner：Egyptian Grammer Plate Ⅱ

## コプト文字

紀元前後から、それまでの文字数の多い、母音を表さない、いささか不便な表記法に対して、当時の世界語だったギリシャ語のアルファベットを借りた表記法が始まった。これがコプト文字である。この文字で書かれたものをコプト語と呼ぶが、これは古代エジプト語の発展した言葉で、独立の言語ではない。

コプト語で書かれたものの大部分はキリスト教文書であるため、コプト語はキリスト教とともに始まったように見られることが多いが、少なくとも始まりはそうではなかった。民衆文字で書かれた魔術文書にはよく、ふり仮名のように、行間にギリシャ文字が書いてあることがある。これは多くの場合、普通の感覚では全く意味をなさない魔法の呪文の部分だ。hn と書いてあってその後に本の絵（限定辞）があれば、普通の日本人ならそれを「ホン」と読むことは可能だろう。しかし ccnpp から「父のパイプ」ではなくて「チチンプイプイ」を想像するのは難しい。母音を書かない民衆文字で書かれたわけの分からない呪文を読み取るのも同じことだ。しかも呪文が正確に唱えられなければ、魔法は効力を発揮しない。そこで誤りなく発音できるギリシャ文字で〝ふり仮名〟をつけたらしい。

コプト文字の使用はそんなところから始まったのではないか、と思われる。事実一番古いコプト語の文書はキリスト教とはなんの関係もない。もっともエジプト語にはギリシャ語にない音があるので、民衆語の文字から取ったものが五文字ある（表5・7）。

表5・7　コプト文字表

| 文　字 | 音　価 | 文　字 | 音　価 | 文　字 | 音　価 | |
|---|---|---|---|---|---|---|
| ⲁ | a | ⲗ | l | ⲫ | ph | |
| ⲃ | b | ⲙ | m | ⲭ | kh | |
| ⲅ | g | ⲛ | n | ⲯ | ps | |
| ⲇ | d | ⲝ | ks | ⲱ | ō | |
| ⲉ | e | ⲟ | o | ϣ | sh |  |
| ⲍ | z | ⲡ | p | ϥ | f |  |
| ⲏ | ē | ⲣ | r | ϩ | h |  |
| ⲑ | th | ⲥ | s | ϫ | j |  |
| ⲓ | i | ⲧ | t | ϭ | j |  |
| ⲕ | k | ⲩ | u | ϯ | ti | ⲧ+ⲓ |

| エジプト語 | | コプト語 | | 意　味 |
|---|---|---|---|---|
|  | レメチュ | ⲣⲱⲙⲉ | ローメ | 人々 |
|  | ケメト | ⲕⲏⲙⲉ | ケーメ | エジプト |
| 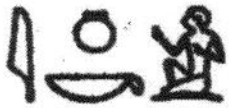 | インク | ⲁⲛⲟⲕ | アノク | 私 |
|  | イリイ | ⲉⲓⲣⲉ | イーレ | する |

表5・8

普通エジプト語、コプト語と別の名前がついているが、前述のごとくコプト語がエジプト語直系の子孫であるのは疑いを入れない。表5・8に掲げたいくつかの例はそれを示してくれるだろう。

共通点は語彙だけにとどまらない。それは、現代日本語がローマ字だけで書かれていて、昔使われた万葉仮名の知識が全く失われてしまった状態があるとすれば、それとよく似ている。

ただし、コプト語自体今から四、五百年前に一般には使われなくなってしまった。七世紀に侵入したイスラムがもたらしたアラビア語がそれに代わったのだ。しかしコプト教会はコプト語を保存し続けた。現在でも祈禱はコプト語でなされる。もっとも一般の信者には分からないから、祈禱書の多くはコプト語と日常言語であるアラビア語の対訳になっている。

## シャンポリオンの解読

このコプト語が、後にエジプト語を解読しようとする際に大きな力となった。つまり象形文字の性質が分かり、ある程度の音が分かればあとはコプト語の知識を借りて解読を推し進めることが出来る。最終的に解読に成功したシャンポリオンが当時有数のコプト語学者だったことは偶然ではない。

解読のきっかけとなったのは現在ロンドンの大英博物館に所蔵されているロゼッタ・ストーンだ。多くの大発見が偶然によるように、この石が発見されたのも全くの偶然だった。一七九九年、ナポレオンによるエジプト遠征軍の一支隊は地中海岸、ナイル・デルタの西の端に近いラシド（ロゼッタ）で小規模の築城工事をすすめていた。

そこから象形文字、民衆文字の二種類のエジプト文字、そしてギリシャ語と、二ヵ国語、三種類の文字で碑文が彫りつけられた黒い石が出土した。ナポレオンが大昔のアレクサンドロス大王にならってエジプト遠征に学者の一団を伴っていたのは幸運だった。さもなければ折角の大発見も関心のない工兵隊の手で要塞胸壁の一部にされてしまっただろう。発見当初からこの石がエジプト語解読の手掛かりになることが予想されていた。

もっとも発見直後、ナポレオン麾下《きか》のフランス軍がイギリス軍に敗北したため、この石は一八〇一年のアレキサンドリア条約第十六条によってイギリスの手に渡された。大英博物館に到着したのは翌一八〇二年である。

多少の誇張が許されるとすれば、ヨーロッパ中の学者がこの解読競争に入った。初めて解読の端緒についたのはスウェーデンの外交官、アケルブラドだ。完全に解読に成功したあとから見ると、彼は早くも一八〇二年にいくつかの語を正しく解釈している。

次に登場するのがイギリス人の物理学者ヤングだ。その最大の功績はカルトゥーシュと呼ばれる楕円形の囲みの中にあるのが王名だ、という説を確認したことだろう。さらに彼は八十六にのぼる民衆語の単語を正しくギリシャ語と対応させた。もっとも彼がそれに与えた音

表5・9

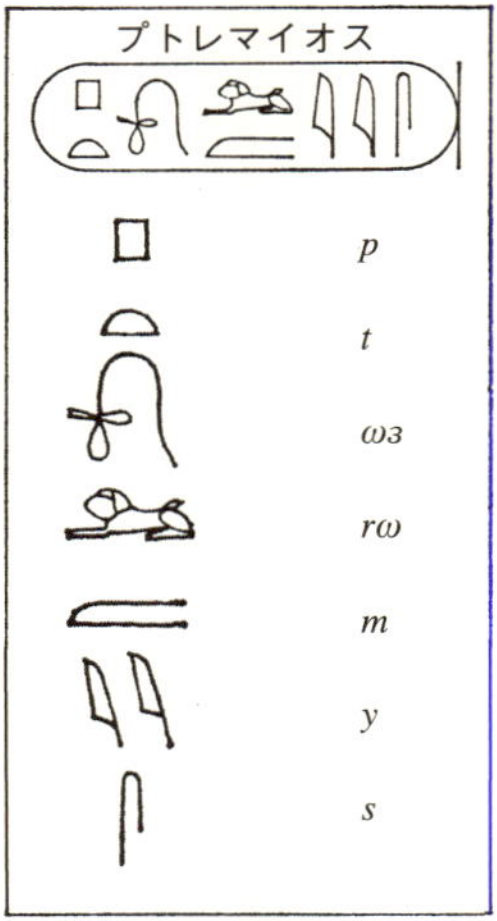


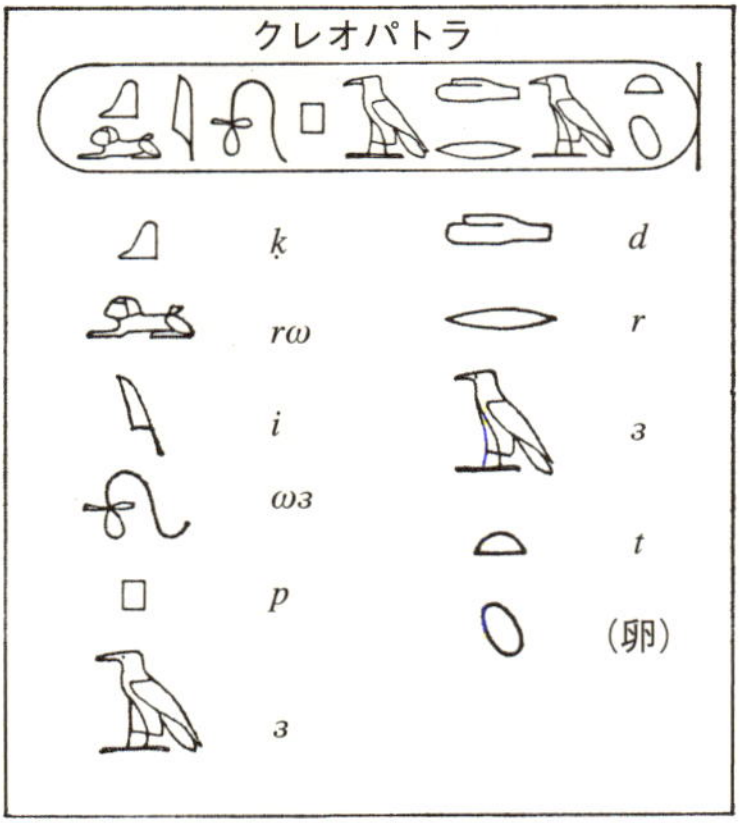

価はおおむね間違っている。

エジプト語の解読はフランス人、ジャン・フランソアズ・シャンポリオンによって最終的に成功した。幸いだったのは一八一五年にナイル河上流のフィレ島で発見されたオベリスクの基部にクレオパトラの名前が象形文字とギリシャ語で刻まれていたことだ。しかもその名前はロゼッタ・ストーンにあったプトレマイオス王の名前といくつかの文字がダブッていた（表5・9）。ちなみにエジプト語は日本語と同じくRとLを区別しない。

これに力を得たシャンポリオンは一八二二年までにアレクサンドロス大王を含む七十人以上の王名解読に成功した。この解読は文字の音価を教えてくれる。それがさらに解読を助ける。シャンポリオンはロゼッタ・ストーンのギリシャ語をコプト語に翻訳し、それから象形文字で書かれたエジプト語の内容を推定する、という形で作業を進めた。

もっともそれで推定できないものもあるし、エジプト語の方がコプト語より語彙が多い。またコプト語はかなりの単語をギリシャ語から借用した。それは現代日本語に入った英語より率が高いほどだ。そうなると前後関係から意味を推定したり、多少の関係があるヘブライ語やアラビア語の助けも借りなければならない。

多くの天才と同じように短命だった彼は一八三二年に四十二歳で死んだが、解読の手掛かりをつけてからの十年間で、死んだエジプト語を読める言語に生き返らせる作業の目安をつけていた。

## 困難な解読

ロゼッタ・ストーンという、解読に絶好の手掛かりはあったものの、それまで知られていた言語とは全く違った構成のエジプト語の解読は困難だった。解読に努力した学者たちの間では、表音文字なのか、表意文字なのか、の二者択一しか頭に浮かばない者が多かった。先に述べたように、表意文字（漢字）と表音文字（仮名）の両方を使う日本語を知っている学者が当時のヨーロッパにいて解読競争に参加していたら、エジプト語解読はもう少し早く出来ていたかもしれない。

書記はセシュと呼ばれる（表5・10）。左の長方形がパレット、そこにある丸はスズリの役を果たす。普通赤と黒のインクを使うので丸が二つある。真ん中の丸いのがインク壺、右がペン挿しだ。最後の人間は限定辞で、この語が「書く」ではなく「書く人＝書記」であることを示している。もっとも出土品の多くはパレットにつけた溝にペンを挿すようになっている。上部の穴がインク入れだ。インクは乾燥した固形のもので、必要があれば水を加えて使う。ペンは直径数ミリの細い草の茎で、使う前に歯でペン先をほぐしたらしい。したがってこれはペンというよりは筆に近い。

セシュ　書記

表5・10

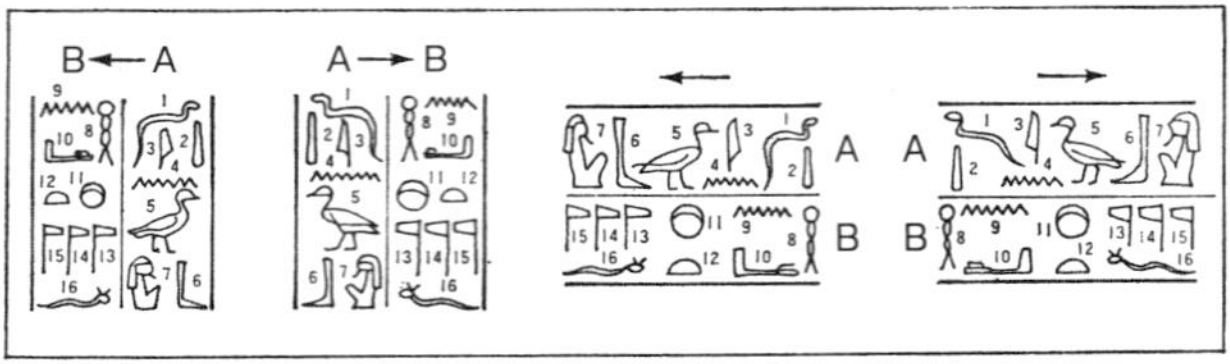


図5・11

書記はあぐらをかいて座り、左手にパピルスの巻物を持ち、それをほぐして広げながら右手のペンで書いた。したがって書くのは大抵右から左の方向である。石に彫りつけた神聖文字は左右どちらからも、たまには上から下にも書けたが、神官文字、民衆文字はほとんどの場合、右から左の方向である。ところで神聖文字の場合、読む方向は文字で分かる。人間、動物、鳥などが顔を向けている方向から読み始める（図5・11）。

パピルスはエジプト語ではシェフエドゥと呼ばれる。我々になじみの深いパピルスというのはギリシャ語だが、この言葉が初めて出てくるのは紀元前三世紀のことだ。語源についてははっきり分からないが、後期エジプト語のパア・ペル・アアではないか、と思われる。〝ペル〟は家、〝アア〟は大きい、という意味だ。一緒になるとファラオになる。日本語にある「陛下」、「殿下」などと同じように王を指すのに直接では恐れ多いから「大きい家」と呼んだのだろう。

最初の〝パア〟はコプト語にも普通に出てくるが、「……に属するもの」という意味だ。つまりパア・ペル・アアは「ファラオに属するもの」となる。あるいは有力な輸出品として王室の専売品だったのでこう呼ばれたのかもしれない。

このパピルスは、学名 *Cyperus papyrus* と呼ばれる植物の茎から作られる。この茎を四十センチほどの長さに切りそろえ、皮を剝いて短冊に裂く。それを板の上に隙間なく並べて長方形を作る。その上に同じく短冊に裂いた茎を前のと直角になるように並べる。この二重になったものを叩くと茎の中からノリ状の液が出て、全部がくっついてしまう。これを乾かしたのがパピルスだ。したがって一枚は一方の辺が約四十センチの長方形になる。もし長いものが必要なら叩く段階で何枚かをつなげればよい。ごく長いものは四十メートルを超える例さえある。

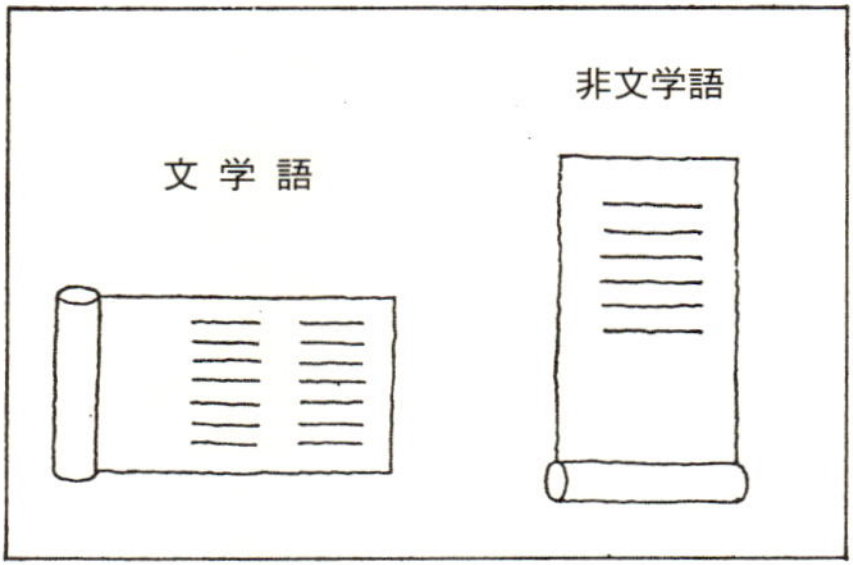


図5・12

パピルスはその作り方に見たように、表と裏がある。巻き物にたとえると、軸に垂直な方向に繊維が走っているのが表で、平行な方向が裏になる。普通、表の右上から書き始める。表が終われば、今度は裏に続く。

ラアメス時代の後期エジプト語には文学語と非文学語の区別があったのが知られている。文法的な違いもあるが、もっと顕著なのはパピルスの使い方だ。文学語は、表に書く場合、繊維が横に走る向きに置いて用いる。右から左へ、繊維と平行に二十センチから四十センチ書くと行を変える。パピルスの下まで着くと、一、二センチ空けてまた上から書き出す。いわば新しいページというわけだ。手紙、経済文書など非文学語の場合には、パピルスの方向を九十度変える。表に書く場合、繊維が縦に走る向きに置き、右から左へ横書きするので、行は繊維の向きとは垂直に走ることになる。

おそらく文学作品を書く場合には初めからどのくらいの長さのパピルスが必要か分かっていたのでそうした使い方をしたのだろう。もっとも一つのパピルスにいくつかの文学作品が入っていたり、余白に受取が書いてあったりする例もあるから、必ずしも理由が明らかなわけではない。一方手紙を書く場合など右のような書き方をすれば、終わったところで切ることが可能だ。面白いことに彫刻、絵などに残っている書記たちはいずれも文学語を書くスタイルでパピルスを持っている。

## 書記の活動

書記の社会的地位は高かったらしい。おそらくは文字が読めなかったと思われるファラオが書記の姿の彫刻で残っている例もあるくらいだ。三回にわたる、中間期と呼ばれる時期を除けば、代々の王朝は縦に長い王国を統一、支配していた。この困難な仕事の裏には整った官僚組織があったに違いない。その官僚組織を支えたのが書記たちである。

もっともそれだけに書記になるのは簡単なことではなかった。まず数百にのぼる文字を覚えなければならない。その文字も石に彫りつけられる神聖文字と、普段使われる神官文字ではかなり形が違うのは前に見たとおりだ。しかも書記ともなればいろいろな文体を覚えなければならない。語彙、文法、修辞法などの科目は必須だったはずだ。

しかももう一つ大きな問題があった。今日と違って、読み書きが選ばれた少数者の特殊技術であったためもあって、書き言葉は話し言葉と比べて非常にゆっくりとしか変化しなかった。エジプト人、あるいはその文化が、三千年以上も同じ象形文字を使ったほどに保守的であったためもあるかもしれない。ところが日常の話し言葉は日々変化する。またエジプトのように長大な国土では方言もあったに違いない。ところが書き言葉にはそれと認められる方言の痕跡は少ない。要するに書記たちは自分が毎日話したり聞いたりする日常言語とはかなり違う言語を読み書きしていた。当然、日常言語に影響されたおかしな間違いも出てくる。

書記候補生の選抜、その教育機関などについてはあまりよく分かっていない。おそらく書記学校は神殿に付属してあったのだろう。生徒たちは板を白く塗ったものとパレット、インク、ペンのセットをもって学校に通った。白い板はノートだが、授業が終わったらインクを洗い落としたり、塗り替えたりしてまた使える。パピルスは書記学校の生徒が自由に使うには高価すぎたからだ。初級の生徒たちは文字を一つずつ習ったことだろう。表意文字の場合、漢字と同じようにいくつもの読み方がある。それを暗記しなければならない。

初級の段階が終わると中級になる。中級の生徒たちは有名な文学作品を写したようだ。こうした生徒たちの間違いの多い筆写が多数残っている。初めは手本を見ながら写したのだろうが、少し進むと書き取りもあったに違いない。地面にあぐらをかいて座った生徒たちが白い板に書き取りをする間をムチを持った先生が歩き回っていたことだろう。

最終段階にはいろいろ架空の状況を設定した手紙などを書いたらしい。一枚のパピルスに、受取人も送り手も違う、まるで関係のない手紙が複数書かれたものが残っているのはこうした例だ、と思われる。しかもこうしたパピルスには明らかに文法的間違いと思われる箇所が多い。おそらく〝卒業〟を前にした生徒たちの〝卒論〟ないし〝卒業製作〟ではなかったろうか。

他にやはり生徒たちの作品と思われる算数の計算、技術用語の一覧表、地名表なども残っている。数千年を経て我々の世代まで残っているこれらの生徒たちの作品はきっとよく出来る者たちのものだったのだろう。それでも稚拙な文字で書いてあり、間違いも少なくない。

こうした苦労の末に得る書記の地位は特権階級だったらしい。大英博物館にあるチェスター・ビーティー四というパピルスは書記こそ永遠の生命を約束してくれる、と称えている。その一部を訳すと、

人は滅び、死体はホコリになり、
子孫は皆滅びる。
しかし書物は彼（書記）を記憶させる、
それを読む人の口を通して。
書物は本建築の家にまさり、
西の墓に（まさる）。
しっかりした家にまさり、
神殿の石碑に（まさる）。

となっている。

これは後述する「書記の勧め」に比べると、書記こそ真に永遠の生命を得ることをいささか神学的に述べている。それに対して「書記の勧め」の方は、他の職業に比べて、書記になるといかに楽が出来て金になるか、という即物的な面を強調している。しかしそれでもこのチェスター・ビーティーの叙述は面白い。

この詩は第一に、死体は保存されない、墓は壊れ、祭礼を行なうべき子孫には期待できない、という〝事実〟を強調している。このパピルスは二次の中間期を経た新王国時代に書かれており、中央政権のなかった時代の荒廃から出た厭世主義を表しているのだろう。しかし、死後の生命をギリギリ保証する最後の手段が死者の名前が覚えられていることであってみれば、この立場も納得できる。

だが数多くある文学作品には著者名が書かれていない。大抵は作品の最後に「この本は書記某が（別の）書記某の所蔵する本を筆写したものである」と書かれてあるに過ぎない。そういう意味で書記の名が書かれていて、作品が読まれさえすればそれを筆写した書記の永遠の生命が保証される、という解釈があったのかもしれない。とにかくエジプトの書記たちは文学的創造性や著作権には我々ほど神経質ではなかったようだ。

一方ランシング・パピルスにある「書記の勧め」はもっと〝地についた〟特権を強調している。このパピルスは高い地位にある書記、ネブマレネヘトがその弟子、ウェネムディアモンに与える教訓だが、書記以外の職業をさんざんにけなす。たとえば、陶器師は泥だらけ、靴屋の手は真っ赤で悪臭がする。神殿の守衛は夜寝られない。商人は忙しく、出張しなければならず、税金を取られる。船員は故国に帰れないかもしれないし、船大工はノルマに追われる、といった具合だ。この節の最後に「しかし書記だけはこれらすべての生産高を記録する」と誇り高く述べている。

またエジプトでもっとも重要な産業だった農業についてはわざわざ一節をさいて、その悲惨さを強調する（第一章参照）。農夫は、洪水が引くと耕作のための牛を借りに行く。ところが牛はジャッカルに食べられてしまった。種をまけば蛇に食べられる。収穫期になると書記がやってきて税を徴収する。納める穀物がなければ自分は拷問され、妻は縛られ、子供には足かせがかけられる。近所の人は助けてくれずに逃げてしまう。それでも納める穀物はない。そこで最後に「もしお前に頭があるなら、書記になれ。農民がどんなものか分かればそれにはなれまい。覚えておけ」と締めくくる。

兵隊もネブマレネヘトの悪口から逃れられない。兵隊にはたくさん上官がいる。シリア遠征に連れ出されれば着物もサンダルもなくなる。山に登らされ、水は三日に一回、それも悪臭がする塩水だ。病気にはかかるし、敵は攻めてくる。故郷の家族には会えない。除隊して帰るにしても遠征で消耗してボロボロになったあとだ。脱走すれば家族は投獄。だが書記になれば楽で豊かな生活が出来る。税金も納めない。もっともそうなるには昼も夜も寝ないで学び、背中に先生のムチを受けなければならない。

ランシング・パピルスがいうように書記の生活だけがよく、ほかの職業がそれほど苦しかったのかどうかは分からない。もちろん、生徒に勉学の気を起こさせるために、多少は誇張しただろう。ところでこのパピルスにはスペルの誤り、文法的間違いが多くあり、生徒の習作であるらしい。一体これを筆写して我々に伝えてくれたこの無名の生徒は、無事に卒業してあこがれの書記になれただろうか。

こうした書記たちが書いたエジプト語は、五千年の歴史のうちに絶えず少しずつ、時には激しく変化した。エジプト人は保守的だったが、それでも日常の言葉が変化するのを縛れはしない。我々の言葉も日々新しい言葉を生み、流行語を作り出している。長い時間が経てば文法すら変わる。こうした新しい表現が話し言葉から書き言葉に入るには時間がかかる。しかし時間はかかりながらも話し言葉は書き言葉に絶えざる影響を与える。

## エジプト語の変遷

こうして変化してきたエジプト語は大きく六つのグループに分けることが出来る。しかしこの分割は一応の目安にすぎず、ダブッている時期がある。

古エジプト語　第一王朝から第八王朝
中期エジプト語　第九王朝から第十八王朝
後期エジプト語　第十八王朝から第二十四王朝
プトレマイオス語　プトレマイオス王朝
民衆語　第二十六王朝から紀元後五世紀
コプト語　紀元後三世紀から十六世紀

古エジプト語の主な資料はピラミッド文書だ。中期以降のエジプト語に比べると、前述した音価のみを表す文字の使用が少なく、限定辞のみで単語を表すことが多いので、およその意味が分かっても発音できないことがある。また古エジプト語では、後には英語の過去分詞のように使われる、セム語の過去形に似た動詞形（偽分詞《ぎぶんし》。stetive とか old perfective とも呼ばれる）が他の時代よりも多用される。

セム語の場合、動詞の人称語尾と名詞の所有を示す語尾との間には明らかな区別がある。セム語の一つ、古代ヘブライ語を例に取ると、

| | 動詞（過去） | 名詞 |
|---|---|---|
| 一人称単数 | xx－ti | yy－i |
| | （私はxxした） | （私のyy） |
| 二人称単数 | xx－ta | yy－ka |
| | （あなたはxxした） | （あなたのyy） |

など。

ところがエジプト語の場合この区別がない。

| | 動詞（過去） | 名詞 | 偽分詞 |
|---|---|---|---|
| 一人称単数 | xx－i | yy－i | xx－kwi |
| | （私はxxした） | （私のyy） | |
| 二人称単数 | xx－k | yy－k | xx－ti |
| | （あなたはxxした） | （あなたのyy） | |

これは不思議な現象だ。これでは動詞と名詞の区別がなくなってしまう。英語で言えば、My run fast. とでもなるところだ。

そこでかなり早くから、エジプト語には十全な意味での動詞は存在しない、我々が動詞だと思っているのは実は不定詞に人称語尾がついたものではないか、との意見があった。不定詞になら名詞につく人称語尾がついてもおかしくはない。しかしそのエジプト語のなかでも偽分詞だけはセム語の過去形動詞と非常によく似ており、その語尾は名詞につく人称代名詞とは違う。しかもセム語とエジプト語を含むハム語とは親戚関係にある、との説が最近は有力だ。

するとどうなるのか。エジプト語には本来動詞があった。それが現在我々が偽分詞と呼んでいる形である。ところが紀元前三千年期のいつごろかに、この形が動詞としての機能を失い始めた。そのかわりとして不定詞に人称語尾のついた形が動詞としての地位を確立する。だからこの古い動詞形がもっとも古い段階のエジプト語に残った。こうした仮説は説得力を持つし、かなり広く受け入れられてもいる。しかしそれが証明されることはないだろう。すべては人間が言葉を記録しはじめた頃に起こったことであり、今となってはこの過程を跡付ける方法はない。しかし滅び行く動詞の過去形だった偽分詞が主として古エジプト語に残っているのは示唆的だ。もしかしたらこの動詞形は人間の尾骶骨《びていこつ》に当たるものかもしれない。

古エジプト語についての研究は進んでいない。現在まで信頼できる文法書はたった二冊しかないほどだ。残っている文書の種類に限りがあり、その量もあまり多くないためだろう。

中期エジプト語はその後長い期間にわたって理想とされた言語だった。後期エジプト語以降の時代になっても、神殿の壁などに記す公の文書はこの言葉によっている。したがってこのエジプト語は〝古典エジプト語〟とも呼ばれている。第一中間期を経て、この細長い国家が再統一された時、言語もまた統一されたらしい。後代にその言葉を研究する者にとってははなはだ不便なことだが、この言語統一はガッチリしたものだった。おかげでエジプトのように細長い国には必ずあったはずの方言の痕跡がほとんどない。

第二中間期を経て第十八王朝頃から後期エジプト語が始まる。この時代は言語事情が一番複雑なうえ、変化も激しく速いので面白い。

この時代には少なくとも三種類の言語があったのが知られている。一つは中期エジプト語だ。石に刻まれる王室文書などはこの正統的な中期エジプト語で書かれるのが普通だった。これは、戦争が終わるまでの日本では公式文書の調子が当時の話し言葉とはなんの関係もなく、明治時代に決められた漢文読み下しに近かったのと似ていないことはない。

もう一つはパピルスについて解説した時に触れた非文学語だ。この言語は日常的な手紙、報告書、請求書、受取、法律文書などに使われた。これは当時の日常言語に近かったらしい。自由な想像が許されるとすれば、第三章で触れたイクナトン王の宗教革命は言語変革を含む文化革命をともなっていたのではないだろうか。あらゆる意味で伝統を無視したイクナトンが、伝統の基礎である言語を無視したとは考えにくい。証明出来ることではないが、イクナトンが新たに書記学校を開き、〝白話運動〟を始めた、というのは楽しい想像だ。

## 文学語と非文学語

イクナトン王のアマルナ時代に言語がそれまでとは多少変わっているのは事実だが、現在のところ、アマルナ時代の言語がそのまま後期エジプト語の言葉につながった、との証明は出来ない。

とにかくこの非文学語はさらに後代の民衆語、コプト語に大きな影響を与えている。コプト語の言語現象の多くは中期エジプト語ではなく、後期エジプト語の非文学語から説明出来ることが多い。もしイクナトン王に関する想像が正しいとすれば、彼の宗教革命は短命だったが、その言語変革は二千年以上も後まで影響を与えたことになる。

非文学語の一番大きな特徴は、中期エジプト語に比べて分析的になったことだろう。助動詞なども広く使われるようになる。したがって言語理解は中期エジプト語に比べるとはるかに楽だ。

非文学語に対して文学語がある。これは中期エジプト語と非文学語の中間にある言葉で、両方の特徴を備えているほか、それ自身の特別な文法形式も持っている。どことなく人工的な混合言語、という感じがする言葉である。この文学語は時代と共に非常に速く変わったらしく、第十九王朝と第二十一王朝ではかなり違っている。

この言葉は文学を書くのに使われた。こうして書かれた文学にはいかにも民話的なものがあり、それがこの特殊な言葉の使われた実際の環境を分かりにくくしている。つまりこうだ。こうした文学は書記たちが読んで楽しむ、というほかに文字が読めない人々を集めてそこで書記が読んでやった、という使用法があったろう。しかし教育のない民衆や子供は、文学語で書かれた作品を読まれてどの程度理解出来たのだろうか。

これについてはちょっと面白い傍証がある。第十九王朝のラアメス二世は若い頃、シリアのカデシュで大戦闘を行なった。彼はこれがよほど自慢だったとみえる。この戦闘のおかげで彼は先祖から譲られた大帝国を揺るぎないものにしたのだから、自慢されても仕方がないかもしれない。彼はこの戦闘記録を自分が建てたあちこちの建物に書き付けた。現在でもカルナック神殿、アブシンベル神殿などでその戦勝記録を読むことが出来る。巨大なラアメス二世が戦車に乗ったレリーフを囲んで書かれるこの文書は印象的だ。

この文書は、我々ばかりでなく、古代のエジプト人にとっても印象的だったらしい。何人かがこの文書をパピルスに神官文字で筆写している。ところがこの正本が中期エジプト語で書かれているのに対して、筆写した人たちは非文学語の訓練を受けた書記であったらしい。ほとんど間違いなく筆写しているのに、中期エジプト語のある動詞の形が分からなかったようで、間違いをおかしている。このことは、書記ですら自分の習った言葉はともかく、それ以外の言葉ははっきりとは分からなかったのを示しているものと思われる。

もし書記ですらその程度だとしたら、全く読み書き教育を受けたことがない民衆の言語理解はたいしたものではなかったろう。もしそうなら、自分の使っている言語とは少し違う言語で書かれた作品を読まれた場合、一体どのくらい理解出来たのだろうか。一方もしそれが民衆に読まれる、という性質のものでなかったとしたら、どうして民話風のものが書かれ、筆記されたのだろうか。分からないことが多い。

民衆語は前述したように非文学語直系の子孫だ。新しい語彙が加わっている点を除けば、文法などで多少変わっているだけだ。民衆語の問題点はその文字にある。神聖文字に比べればもちろん、よく書かれた神官文字と比べてさえ読みにくい文字で、民衆語の研究者が多くないのはその点がネックになっている、とさえ思われる。

コプト語については先に少し触れた。コプト語が革命的なのは、数千年間続いた伝統的な象形文字とそのバリエーションを止めて、ギリシャ語に多くを借りたアルファベット・システムになっているという点だろう。しかも母音を導入した。もう一つ特徴的なのは、エジプト語の歴史が始まって以来初めて方言が表面に出てきたことだ。南から順番にサヒディック、アフミミック、ボハイリックの三大方言があるほか、それらが入り交じってなかなか複雑だ。

この方言は果たして全面的に地域差によるものなのだろうか。それとも時間による変化も含まれているのだろうか。こうした問題についてはよく分からない。ちなみに現在のコプト教徒たちはデルタ地方が中心だったボハイリック方言を使っている。

# 第六章　文学作品

## 教訓文学の影響

エジプト文化と言えば、巨大なピラミッド、スフィンクス、神殿群が思い起こされる。しかしそれは第一に文字の文化だと言えよう。文字が明らかにしてくれるエジプト人たちの精神生活は、ピラミッドはもちろん壮麗なカルナック神殿やアブシンベル神殿などと比較してさえその光を失いはしない。

数千年の歴史の風化を経てその大部分が失われてしまったに違いないにもかかわらず、我々に残された文書の数は大変なものだ。宗教文書、公的記録、商業文書などをのぞいた、純粋に文学的なものだけでもかなりの数に上る。それら文学書は明らかに、我々が文学を楽しむように彼らが楽しんだものだ。そこには散文も韻文もあり、それ自身一つの世界といえる。文学書の多くは墓から発見されたものである。おそらくは生前に自分で筆写したり、注文して書かせた書記たちの遺族が、故人が死後の世界でもパピルスを楽しめるようにと、墓に納めたのだろう。しかし残念ながら、エジプト考古学の初期の発掘技術のまずさから、ほとんどのパピルスはどこで発見されたか分からない。その後の劣悪な保存で大きく破損してしまったものもある。

エジプト文学はいくつかのジャンルに分れる。その最古のジャンルは教訓文学だろう。ピラミッドに書かれた宗教文書以外にはほとんど何も残っていない古王国時代ですら『プタハヘテプの教訓』がある。そのほか名前しか伝わっていないものも多い。それらはより時代が下ってからの教訓文学に吸収されているのだろうが、エジプト人たちは古人の作品を引用する場合にもそれを明示しなかった。

教訓文学は普通、父や師が子供や弟子に対して人生訓を残す、という形を取っている。その多くはかなり実際的な教訓だ。以下に訳出した『難破した水夫の物語』に出てくる「人の口はその人を救います。人の言葉は自分に免責を与えます」などはこうした教訓文学からの引用だろう。教訓文学はエジプト史の全期にわたって存在する。それはさらに、旧約聖書の『箴言《しんげん》』をも含む西アジアの教訓文学にも影響を与えた。

エジプトの書記たちはまた完全なフィクションも産み出した。もっとも優れ、もっとも長い作品は『シヌヘ（サアネヘト）』だが、これは我々が使う意味での小説という範疇《はんちゅう》に確実に入る。偶然の機会でクーデターの計画を耳にした主人公は、命の危険を感じてエジプトから逃げ出す。半未開の部族の中で暮らしながら故郷で死にたいとばかり望み、晩年に呼び返される話は、現代の我々が読んでですら十分鑑賞に堪える出来栄えだ。エジプト人もこの作品が好きだったと見えて、中期エジプト語で書かれたこの物語には、かなり多くの数の写本が残っている。

ギザにある大ピラミッドを建てたクフ王の時代を想定した『クフ王と魔術師』はいささかフォークロア的な色彩を持った話だ。以下に訳した『難破した水夫の物語』もこのジャンルに入る。おそらくは統一政権が失われた第一中間期に書かれたと思われる『人生に疲れた人とその魂の対話』は特殊な作品だ。古王国の栄光が去り、混乱期を知って悲観的になったインテリの嘆きがよく表れている。

宗教的目的以外の詩もかなり発達していたらしい。『宴会の歌』、墓に書かれている各職業を歌った短詩などがある。

新王国になってから文学はさらに発達した。散文には以下に訳した『二人兄弟物語』、古い神話を総括した形の『ホルスとセツの争い』などがある。書記学校の生徒が書いた間違いだらけの『頭とお腹の喧嘩』は長い滑稽譚《こっけいたん》の冒頭部分ではないか、と思われる。

新王国になってから出てきた新しいジャンルは恋の歌だ。その一番よく保存された例がチェスター・ビーティーⅠとして知られるパピルスに残っている。七節からなるこの詩は男女が交互に歌い、それぞれの節の最初の言葉にはその節の数と発音が似た言葉を使う、という技巧的なものだ。その第三節は男が歌っている部分だが、読み方によっては彼はバイ・セクシュアルではなかったか、と思わせる情景がある。美しい文字で書かれたこの写本には節の中の行を分ける印が入っている。しかし残念ながら、我々にはまだエジプト詩の構造が分からない。こうした詩はおそらく楽器の伴奏に合わせて男女がデュエットで歌ったものなのだろう。

以下に訳した四作品は、さしたる理由があって選んだわけではない。とりあえず手元にテキストがあることが条件である。いずれも自分で学んだり、学生に教えたりした作品である。

パピルスが傷んで読めないところや不明な部分は「?」や「……」で示した。訳文には生硬なところもあるが、原文の持つ雰囲気をなるべく生かし、日本語として無理なく読める方法は、あえてとらなかった。

**『難破した水夫の物語』**

この物語は世界でもっとも古いフィクションの一つと言えるだろう。著作の年代については、第十一王朝ではないかとの説があるが、はっきりとは分からない。書かれている言葉は中期エジプト語で、欠けている部分はほとんどなく、非常に理解しやすい。

もっとも、蛇がくれる香料や香辛料、主人公が流れ着いた島で見つけた食物などの同定は難しい。そのうちアンティイはアフリカの角、アラビア半島南西部で産出する香料らしい。ローマ時代に至るまで珍重されており、第十八王朝の女王ハトシェプストによる遠征はこの香料を求めたものだった。ずっと時代は下るが、ソロモン王のもとに来たシバの女王の国は南西アラビアにあり、この香料の産地として有名だったが、その中にこのアンティイも含まれていたかもしれない。またキリスト誕生時に東から来た三人の博士が持ってきた贈り物の没薬もこれにあたる可能性もある。

我々には分からない何かの任務で派遣された高官が故国に帰着するにあたって、任務の失敗を気に病んでいる。すっかり気落ちした高官を慰めようと、その副官が自分に起こった不思議な話を語って聞かせる、というのが枠組みだ。話の構成はかなり複雑だ。上述の枠組みの中に、副官自身の話があり、その話の中に出てくる蛇がまた話をする、という三重構造になっている。高官の派遣先、副官が難破した結果着いた島などについては色々な説があるが、フィクションとして読む我々にはどうでもいい。

パピルスの最初の部分が破損しており、現在残っているテキストの前にどのくらいの長さの話があったのかは分からない。しかし話はかなりの程度に完結しており、欠けている部分は多くないものと思われる。おそらくこの話を読んだ書記階級、読んで聞かされた書記ではない人々にとっては、この高官の任務が何であろうと構わなかったはずだ。欠けている部分にその任務の細かい描写があったとは考えにくい。

一方、写本の最後には書記が筆写した元本の持ち主の名前が書いてあり、話がここで終わっていることは確かだ。現代の感覚からするとおかしなことだが、作者の名前はもとより、これを筆写した書記の名前も書かれていない。

中王国時代の作と思われ、ほぼ同時代の写本がいくつかある。ほぼ完全な写本はサンクト・ペテルブルグの博物館でロシアのエジプト学者ゴレニシェフによって発見され、一九一三年に最初に発行された。現在はエルミタージュに収蔵されている。

テキストには A. M. Blackman : Middle-Egyptian Stories, Bruxelles, 1972 を使った。訳には Erman, Lefebvre, Lichtheim, Simpson などがある。

---

有能な副官が言った。「お喜びください、（我が）君よ。故郷に着きました。木槌が（手に）取られ、繋留杭が打ち込まれ、船首の舫《もや》い綱が地に置かれ、捧げ物が上げられ、神に感謝が捧げられ、みんなが抱き合い、兵たちの損害もなく乗組員は無事に帰り、ワアワアトの両端に着いたあとで、センムウトを通りすぎたあとで。我々は無事に故国に帰り着きました。そこに着いたのですよ。

さあ、私の言うことを聞いてください、（我が）君よ。私は大げさなことは言いません。あなた自身を洗いなさい。指に水を注ぎなさい。そうすれば、聞かれた時に答えられます。あなたは、心を手に持って[1]、王に答えるのです。どもらずに答えるのです。人の口はその人を救います。人の言葉は自分に免責を与えます。心のままにしなさい。

あなたと話すのは飽き飽きします。

私に起きたそれによく似たことをお話ししましょう。私は王立銅山に行きました。私は、エジプトから選りすぐりの百二十人の乗組員がそこにいる長さ百二十キュービット、[2]幅四十キュービットの船で大海に下りました。彼らが天を見ることは彼らが地を見ることです。[3]彼らの心はライオンより猛々しかったのです。彼らは来る前に大風を、起こる前に嵐を予見しました。

　我々が大海にいる時、岸に着く前に、大風が来ました。風が起き、その風が吹きつのりました。その（風の）うちに八キュービットの波がありました。私のために波を打ったのはマストでした。[4]そして船は死にました。船にいた者は一人もここにいませんでした。私は大海の波によって島に打ち上げられました。私は、私の心だけを相棒に三日間を過ごしました。私は木の小屋の中で寝ていました。私は（自分の）影を抱きました。

　私は口に入れるものを見つけに両足を伸ばしました。私はそこでイチジク、ブドウを見つけました。すべての立派な野菜、エジプトイチジクとネケト、[5]栽培されたようなキュウリ、魚と鳥がそこにありました。その中にないものはありませんでした。そして私は私自身を満足させました。私は手の中にある十分にあるものの一部を地面に置きました。私は火おこしを使って、火をおこしました。私は神々に焼く生け贄を捧げました。

　私は嵐の音を聞きました。私は、木が折れ、地面が揺れたので、『これは海の波だ』と思いました。私は顔を上げました。それはこちらにやってくる蛇でした。それは三十キュービットで、その髭は二キュービットより長く、その体は金で覆われ、眉毛は本物のラピスラズリでした。それは前にのしかかっていました。それは、私が彼の前で腹ばいになっているときに私に向かって口を開きました。

彼は私に言いました。『お前を連れてきたのは誰だ。お前を連れてきたのは誰だ。小僧。お前を連れてきたのは誰だ。もしお前をこの島に連れてきたものを私に言わないなら、お前が火の中にいて見られないものになることを知らしめてやる。お前が話しても、私にはそれが聞こえない。』

私は、何も分からずに彼の前にいました。彼は私をその口にくわえました。彼は私を自分の巣に連れて行きました。私は無事で、何も取り去られず、彼は私を傷つけることなく下ろしました。私が彼の前で腹ばいになっているときに、彼は私に対して口を開きました。

彼は私に言いました。『お前を連れてきたのは誰だ。お前を連れてきたのは誰だ。小僧。その端が水にある、海のこの島に連れてきたのは誰だ。』

私は、彼の前で腕が曲げられている状態で、次のように彼に答えました。私は彼に言いました。『それは私です。私は王の任務で、エジプトの選りすぐりから百二十人の乗組員がそこにいる長さ百二十キュービット、幅四十キュービットの船で王立銅山に下りました。彼らが天を見ることは彼らが地を見ることです。彼らの心はライオンより猛々しかったのです。彼らは来る前に大風を、起こる前に嵐を予見しました。馬鹿はおらず、誰もその仲間よりも強い心で、腕力も強かったのです。我々が大海にいる時、岸に着く前に、大風が来ました。風が起き、その風が吹きつのりました。その（風の）うちに八キュービットの波がありました。私のために波を打ったのはマストでした。そして船は死にました。船にいた者は、私以外一人もここにいませんでした。私があなたのそばにいます。私は大海の波によって島に打ち上げられました。

彼は私に言いました。『怖れるな、怖れるな、小僧よ。顔を青くするな。お前は私のところに着いた。神はお前を生かした。彼はお前をこのカアの島に連れてきた。その（島の）中にないものはない。それはすべての素晴らしいものでいっぱいだ。お前は四ヵ月を満たすまで月に月を重ね、この島で過ごす。お前が知っている乗組員の船は故郷に行く。お前は彼らとともに故郷に帰る。お前はお前の町で死ぬ。つらいことが過ぎたあとで、味わったことを話す者はなんと幸いなことか。

私は、この島で起きた、似たようなことをお前に話そう。私はそこに兄弟たちとともにおり、その中には子供たちもいた。我々は私の子供たちや兄弟たちで合計七十五匹の蛇だった。祈りによって私にもたらされたもう一人の娘についてはお前に言わなかった。星が落ち、そのために彼らは火に燃えあがった。私は偶然、火の中で彼らと一緒にいなかった。私は彼らの中にはいなかった。私は彼らのために死んだ。私は死体が一つに固まっているのを見つけた。

もしお前が勇敢で心が強いなら、お前はお前の子供たちを抱くだろう。お前の妻にキスするだろう。お前の家を見るだろう。それは何にもましてよい。お前は、かつてそこにいた故郷に着き、そこで兄弟たちに囲まれる。』

私は腹ばいに伸びました。私は彼の前で地に触れました。私は彼に言いました。

『私はあなたの力を王に伝えましょう。私は王にあなたの偉大さを知らしめましょう。私はイビイ油、ヘケヌウ油、ウデネブ（?）、ヘスアイト、すべての神々を喜ばせる神殿の香をあなたに持ってこさせましょう。私は王に、私に起きたこと、私があなたの力を見たことを話します。全土の高官の前であなたに礼拝が捧げられましょう。私はあなたのために焼く生け贄として牛を屠りましょう。私はあなたのために鳥を屠りましょう。私は、人々に知られていない遠い地で人々を愛している神々に対してなされたように、あなたにエジプトのすべての素晴らしいものを積み込んだ船を送りましょう。』

彼は私の言ったことで私を笑いました。（それが）彼の心に馬鹿げていたからです。彼は私に言いました。『お前はアンティイとあらゆる形の香に豊かではない。私はプントの支配者だ。アンティイはそこ（プント）で私のものだ。お前が持ってくると言っていた聖油について言えば、（それは）この島の名前ではないか。お前がこの場所を離れるとき、二度とこの島を見ることはない。それは水に変わる。』

船が、彼が前もって予言したように来ました。私は行きました。私は自分を高い木の上に置きました。私はそれに乗っている人たちを認識しました。私は報告に行きました。彼がすでに知っているのに気がつきました。

彼は私に言いました。『小僧、元気で、元気でお前の家に。お前は子供たちを見るだろう。お前の町で私のよき名を広めてくれ。それが私がお前に願うことだ。』

私は彼の前で両手を曲げて腹ばいになりました。彼は、アンティイ、聖油、香、スパイス、香辛料、香料、アイライン、キリンの尻尾、香料の大きな塊、象牙、犬、猿、ヒヒ、すべての美しい貴重品からなる荷物を私にくれました。私はそれをその船に積み込みました。私は彼に感謝するために腹ばいになりました。

彼は私に言いました。『お前は二ヵ月で故郷に着く。お前は子供たちを抱くだろう。お前は故郷で若くなり[6]、葬られる。』

私は船のそばの浜におりていきました。私はその船にいる乗組員に声をかけました。私は浜でこの島の主に感謝しました。船にいる者たちもおなじように（しました）。私たちは王の国に向けて北に航海しました。私たちは彼が言った通り二ヵ月目に故郷に到着しました。

私は王のところに入りました。私はあの島から持ってきた[7]贈り物を王に渡しました。王は全土の高官の前で私のために神に感謝しました。私は副官に任じられました。私は彼の従者の中から与えられました[8]。

国に到着後、味わったことを見たあとの私を見てください。（我が君、私の言うことを）聞いてください。人の言うことを聞くのはいいことです。」

彼は私に言った。「我が友よ、そこまでするな。誰が、朝屠る鳥に明け方に水をあげるだろうか。」

（物語は）偉大なイメンの息子で指の優れた書記、イメンティの書面にあるように最初（から）最後まで着いた。

---

『サアネヘト（シヌヘ）』

この物語は中期エジプト語で書かれたエジプト文学の白眉である。紀元前二千年頃、第十二王朝初代のファラオの死が引き起こした事件が主題だ。

皇太子が率いるリビア遠征軍が帰途についたときにファラオの死が伝えられた。皇太子は宮廷内陰謀を怖れてエジプトに急行し、後継の地位を固める。しかし従軍していた高官のシヌヘは、偶然にも皇太子の弟の陰謀を聞いてしまった。彼は陰謀に巻き込まれるのを怖れてアジア（現在のシリア・パレスチナ）に逃亡する。そこで土豪に保護されて、頭角を現した。しかし老人になって故郷が恋しくなったところへエジプトから帰還命令が届いたというもの。主人公の名は一般には〝シヌヘ〟として知られているが、本訳では、エジプト語のスペルにならって〝サアネヘト〟で統一した。

この作品は非常に愛されたらしく、多くの写本がある。第十二、第十三王朝にはほぼ完全な写本があり、第十九、第二十王朝にも写本がある。
テキストには Blackman : Middle-Egyptian Stories, 1972 を使った。Blackman はいくつかの写本を併記している。訳は Erman, Lefebvre, Wilson, Edel, Simpson など多い。

貴族階級、高官、アジアの地にある王領地の上級行政官、アジアの地の統治者、王に知られるもの、彼（王）のお気に入り、家臣、サアネヘトが言った。

私は主に従う家臣、王のハーレムのしもべ、（そのハーレムの女主人は）ヘネムスートにおけるセンウェスレト王[9]のお気に入りの妻、（その人は）カアネフェルにおけるアメネムヘト王[10]の娘。

（アメネムヘトの統治）三十年洪水の季節第三ヵ月目の七日、神はその地平線に昇った。[11]上下エジプトの王、セヘテプイブラアは天に飛び去った。アトンと合体し、神の四肢は彼を作ったものと一体化した。王宮は静まりかえり、心は悲しみ、巨大な二枚扉は封印され、廷臣たちは頭を膝においており、[12]貴族は悲しみのうちにあった。

王は軍をティムヒの地に、王の長子、すなわちよき神センウェスレトを司令官として軍を派遣していた。彼は諸外国を征服し、リビアにいる者たちを討つために派遣された。彼は（作戦を終了して）撤退中だった。彼はリビアの捕虜と無数の家畜を連れていた。

宮殿の廷臣が、宮殿で起きた事態を王の息子に知らせるために西に（使者を）派遣した。使者たちは彼を途中で見つけ、夜の時間に彼の所に到着した。彼は一切、何も待たなかった。隼[13]は、軍にそれを知らせることなく、従者とともに飛び立った[14]。

この軍で彼にしたがっていた王の子たちに報せ（があった）。その一人が呼び出された。私は立っており、そばにいたので彼が話したとき、その声を聞いた。私の心臓は乱れた。震えが体中をおそって両手はダラリとした。私は、隠れ場所を求めて跳んで動き、距離を置くために草むらの間に身を置いた。

私は宮殿に到着することなど考えもせず、南に進んだ。私は衝突になるのを予想した[15]。私は彼のあとで命があるとは思わなかった。私はエジプトイチジクのそばの二つの真実[16]を渡った。私はスネフェル島に到着した。私は湿地の端で時を過ごした。夜が明けたときに出発した。私は、道に立っている人に出会った。彼は私に挨拶したが、私は彼を怖れた。

夕食のころ、私は長角牛の町に到着した。私は、舵のない舟で西風のおかげで（河を）渡った。私は赤い山の女神の上り坂で石切り場の東を通った。私は北に向かって足を進めた。私は、アジア人たちを撃退するために作られた〝支配者の壁〟に到着した。私は、要塞の上のその日の見張りの視線を怖れて草むらにかがんだ。

私は、夜進んだ。夜明けにペテンに着いた。私は、大きく黒い島に止まった。渇きが（私を）襲い、私を圧倒した。私は乾ききり、私ののどは渇いた。私は言った。「これは死の味だ。」私は自分の心を励まし、自分自身を取り直した。

私は家畜の鳴き声を聞き、アジア人が目にとまった。そこにいた、エジプトに滞在したことのある一人の族長が私を覚えていた。彼は私に水をくれ、私に牛乳を温めてくれた。私は彼とともに彼の家族の所に行った。彼らがしてくれたのはよいことだった。

私は次々と外国を移っていった。私はビブロス[17]を離れてケデムに戻った。私は一年半をそこで過ごした。アムネンシイが、「私と一緒にいると、お前にとってはいいよ。エジプトの言葉が聞けるから」と言って、私を連れて行った。彼は上シリアの支配者だった。彼は私にそう言った。彼は私の性格を知っていたし、私の才能について聞いていたからである。彼の所にいるエジプト人たちが私について話していたからである。

彼は私に言った。「お前はなぜ来たのか。これは何だ。王宮で（何か）あったのか。」私は彼に言った。「上下エジプトの王、セヘテプイブラアが地平に行かれたのです。それに関して起こったことは誰も知りませんでした」。私は嘘で次のように言った。「私に知らされたとき、私はテメフの地への遠征から帰ったところでした。私の心はおののきました。私の心は体から切り離されていました。それ（私の心）は私を逃亡に駆り立てました。誰も私のことを話さず、誰も私の顔につばを吐きかけず、誹謗は聞かれず、使者に私の名が聞かれることもなかったのですが。私をこの国に連れてきたものを知りません。それは神の計画のようです。まるでデルタの人が自分自身をエレファンティン[18]で見つけ、湿地の人がリビアの地で（自分自身を見つける）ように。」

　彼は私の前で言った。「あの力強い神なしにあの国は一体どうなってしまうのか。疫病の年には、彼に対する怖れがセフメト[19]のように諸国中にあったのに。」

　私は彼に答えて言った。「確かに彼の息子が王宮に入って彼の父の遺産を取りました。彼は本当に並ぶものがない神であり、彼の前に他の者がいないのです。彼は知恵の主であり、計画に優れ、指揮に秀でています。来るも行くも彼の命令によるのです。彼の父は自分の宮殿の中にいましたが、彼は諸国の征服者です。彼は父が命じたことが起きたと報告しました。彼は、似た者のない、その強い腕で事をなす本当の強者、チャンピオンです。彼は、戦闘に近づいたとき、敵部隊に向かっていくのが見られました。彼は角を曲げる者、手を弱くする者です。彼の敵たちは軍列をまとめません。彼は復讐心に燃える者、大軍を粉砕する者です。彼のそばには誰も立ちませんでした。彼は、逃げる者を討つときに大股に歩を進めます。背を向けた者に退却はありません。彼は、反撃の時に不屈です。彼は、敵に背を向けることなく退却させる者です。大軍を見るとき、彼は心が強いのです。彼は自分の心にゆるみを与えません。東を見るとき、彼は熱心です。彼が敵を攻撃するとき、それは彼の喜びです。

　彼は、（敵を）踏みにじるとき自分の盾を取ります。彼は、敵を殺すために腕を二度ふるいません。彼の矢を逃れる者はいません。誰も彼の弓を引きません。敵は、偉大な女神の力（の前から逃げるように）彼の両腕から逃げます。彼は、結果を予想して闘います。彼は残りの者たちを拘束しません。彼は偉大な親切と優しさの主です。彼は愛で征服しました。彼の町は自分たち自身より彼を愛しています。（彼の町は）自分たちの神よりも彼にあって喜びます。男たちは彼に対する喜びで女たちをしのぎます。

彼は、すでに卵のときに征服しましたが、今は王です。生まれて以来彼の顔は……。彼は、自分と一緒に出生の増加をもたらしました。彼は神の唯一の贈り物です。彼が統治する地はなんとうれしいことか。彼は国境を拡げる人です。彼は南の諸国を手に入れるでしょう。彼は北の諸国（の征服）は予定しませんでした。彼は砂漠を越えていく者たちを蹂《じゅう》躙《りん》するためにアジア人を討つことになったかもしれません。彼に使いを送ってあなたの名前を知らせてください。王から遠くにいるときに呪わないでください。彼は自分に忠実である国々によいことをしないことはありません。」

彼は私の前で言った。「エジプトは本当によい。彼女（エジプト）は彼（新しい王）の強さを知っている。お前はここにいる。私と一緒にいる。私がお前にすることはよいことだ。」

彼は私を自分の子供たちの先頭にした。[20] 彼は私を彼の長女と結婚させた。彼は、私に彼の領土内で、他の領土との境界で最もよいところを選ばせた。それは、イアアという名の素晴らしい土地だった。そこにはイチジクとブドウがある。そこではワインは水よりも多く、蜂蜜は豊富だ。その地の油は多く、そこの木々にはあらゆる果物がある。そこには大麦と小麦があり、あらゆる家畜には際限がない。私への愛から加わってくれる人たちは本当に多かった。彼が私を、彼の領地のうちでもよいところで部族の支配者にした。私のためにその日の分のパンが焼かれ、毎日その日の分のワインが出され、調理された肉、ロースト・ダックのほかに猟獣（が出された）。私のために罠をかけた。（獲物が）私の前に置かれた。さらに私の猟犬の獲物も（置かれた）。すべての料理のうち多くの？？？とミルクが私のために作られた。

私は何年も過ごした。その間に私の子供たちは強い男たちとなり、全員が自分の村々の指導者となった。（王宮から）北へ行く使者も、王宮[21]へと南に行く使者も私の所に泊まった。私はすべての人を泊めてやり、渇いた人に水を与えた。道に迷った人を道に戻してあげた。盗まれた者を助けてあげた。

アジア人たちが諸国の支配者たちを襲おうと好戦的になったとき、私は彼らの進軍を邪魔した。シリアのこの支配者は何年もの間私に彼の軍の総司令官を務めさせた。私はすべての国々を巡回し、そこで攻撃をかけた。（敵は）井戸の（まわりの）草地から追い払われた。私はそ（の国）の家畜を奪い、そこの住民を移し、その食料を奪い去り、そこにいる人々を私の腕で、私の弓で、私の行軍で、私の素晴らしい戦術で殺した。私は彼の心に有用な者となり、彼は私が勇敢であることを知って私を愛した。彼は私を彼の子供たちの先頭に置いた。彼は私の両腕の力を見た。

シリアの勇者が、私のテントで私をあざけった。彼は並ぶ者なき勇者で、あたり一帯を制圧していた。彼は、私をたたきのめすつもりで私と闘うと言った。彼は私の家畜を奪って自分の部族の長老会に持って行こうと思っていたのである。

支配者は私と相談した。私は言った。「私は彼を知りません。私が彼の裏口を開けたのでしょうか。私は、彼の野営地を自由に歩ける彼の同盟者ではありません。私があなたの使命を果たしているのを見たので悪意を抱いているのでしょう。まったく私は他の群の中にいる離れ牛のようです。長角牛の群の雄牛はそれを襲います。下にいる者は、主人の命令で愛される者になるでしょうか？　外国人は湿地の人とはつきあいません。だれがパピルスを山に根付かせましょうか。雄牛は闘いを好むでしょうか。凶暴な牛は、自分と肩を並べるものに対する怖れから引き下がりたがるでしょうか。彼（＝凶暴な牛）は闘いたがります。彼に自分の望みを言わせてください。神が、それがどのようであるか知りながら、自分が命じたことを知らないことがあるでしょうか。」

私は一晩中、自分の弓に弦を張り、自分の矢を（えびらに）入れ、自分の短剣（に）?·?を与え、武器を研いだ。朝、シリア人が来て、その諸部族を鼓舞した。（シリア人は）国の八方から召集した。この闘いを計画したのである。すべての心は私のために燃え、女も男も声援をあげた。みんな私のために心を痛めて言った。「他の誰かが彼より強いなんてことがあるのだろうか。」

彼の盾、戦斧《せんぷ》、一握りの投げ槍が（私に向かって）落ちてきた。私が彼の武器に達したとき、彼の矢に、一本が（前の）一本に続いて、何の効果もなく私のそばを通り過ぎさせた。彼が私に近づいて、私は彼を射た。私の矢は彼ののどに突き刺さった。彼は叫んで鼻の上に[22]倒れた。私は彼の戦斧でとどめをさした。私は、アジア人全員が声を上げているときに、彼の背中の上で勝ちどきを上げた。

私は、彼のしもべたちが嘆いているとき、モント神[23]に感謝を捧げた。支配者のアムネンシイは私を抱きしめた。私は敵の財物を運び、敵の家畜を奪った。私は、彼が私にしようとしたことを彼にした。私は彼のテントにある物を運び出し、彼の野営地を裸にした。私は偉大になり、財物に豊かで、家畜が多くなった。神は（自分が）怒った者、他の国に行かせた者に優しくされた。今日、彼の心は満足している。

亡命者はその時に逃げる。でも私の運命は宮殿[24]にある。グズグズする者が空腹でグズグズしている。私は隣人にパンを与える。人は裸で自分の土地を出て行く。白（い布）と素晴らしい麻布は私のもの。人は送り出す者なしに走る。多くの奴隷は私のものである。

私の家は美しく、私の領地は広いが、私の想いは宮殿にある。すべての神がこの逃避行を命じたにしても、もう満足して私を宮殿に帰してくれ。あなたは確かに私に我が心のあるところを見せてくれる。見よ、我が遺体が生まれたところに埋葬されるのはなんと素晴らしいことだろうか。さあ、助けてくれ。よいことが起きるように。神の平安が私に与えられるように。彼が苦しめた者の最後を修復するように。

彼の心は、自分が外国で生きるように追いやった者のために痛んでいる。もし今日彼が満足するなら、遠くにいる者の祈りを聞かれるように。彼が、地をさまよう者をそこから取ってきたところに戻すように。エジプトの王が私に慈悲をかけ、私が彼の慈悲のうちに生きられるように。私が、彼の宮殿にいる地の淑女に挨拶できるように。私が、彼女の子供たちのメッセージを聞けるように。そうすれば、老年が迫ってきていても、私の肢体は若くなるだろう。弱さが私に追いつき、私の両目がかすみ、両手が弱り、両足が力を失い、心臓が疲れ、死の時が近づいていても。

私を永遠の都に連れて行ってくれるように。私がすべての女主人に仕えるように。そうすれば彼女はその子供たちに私についてよく言ってくださるだろう。彼女は永遠に私の女主人でおられるだろう。

上下エジプトの王、義なるヘペルカアラアに、私が今いるこの状況が知らされた。陛下は、(まるで私が)外国の支配者でもあるかのように、王の贈り物を贈り、しもべの心を喜ばせてくださった。彼の宮殿にいる王の子供たちは彼らの便りを私に聞かせた。

しもべ(25)に届いた彼(私)のエジプト帰還に関する命令の写し。

「ホルス、誕生に生きる者、二人の淑女、誕生に生きる者、上下エジプトの王、ヘペルカアラアの息子、永遠に生きるアメネムヘト。

臣サアネヘトに対する王の命令。

この王の命令は、心が赴くままにシリアのケデムから諸国をめぐり、一つの土地が次の土地へと導き、諸外国をめぐったことを汝に知らしめるために送られた。見よ、汝は???した。汝は、言葉が罰せられるほどには呪わなかった。汝は重臣会議で、汝の発言が反対されることを言わなかった。お前の心を運び去ったその状況、それは私の心の中で汝に対するものではない。宮殿にいる汝のその天は、今日、達者で元気にしている。彼女の頭は地の王権で……。彼女の子供たちは宮殿にいる。彼らが汝に与えるもののうちから富を蓄えておけ。汝が、彼らの贈り物で生きられるように。汝が育った宮殿を見ることが出来るように、エジプトに帰れ。偉大な二枚扉に向かって大地に口づけできるように、廷臣に加わることが出来るように。

汝は今日、歳を重ね始めた。汝は男らしさを失った。汝は埋葬の日と（死後の）素晴らしい状態への旅立ちを考えた。汝のために夜は、香油とタイト女神の両手における包帯とで……。地と一緒になる日、葬列が汝のためになされ、棺は金製で、頭部はラピスラズリで、汝は移動神殿に置かれ、牛が汝を引き、楽隊が汝の前にあり、死者のダンスが汝の墓の入口で行なわれる。汝に供物が告げられ、汝の供物台の前で（犠牲が）屠られ、汝の

（墓の）柱は王の子供たちの真ん中で白い石で建てられる。汝は高地では死なず、アジア人は汝を埋葬せず、汝の墓域が作られるとき、汝は羊の皮に包まれない。[26] さまよった者には長い。（自分の）死体とお前の帰還を考えろ。」

その命令は、私が自分の部族の真ん中に立っていたときに私のところについた。私がひれ伏して地に触れてから、私の前でそれが読まれた。私はそれを胸の上に拡げた。私は叫びながら、私の営地を廻った。「その心が外国に誤り導いた奴隷に対して一体どのようにこれがなされたのだろう。私を死から救ってくれた親切さはなんと素晴らしいことか。あなたのカアは、我が肉体の最後（の日々）を故郷で過ごさせられる。」

この命令の返書の写し。

「宮殿のしもべ、サアネヘトが申し上げます。偉大で素晴らしき平安のうちに。

しもべが無知故にした逃走はあなたのカアに知られていました。（あなたは）二つの大地の主、ラアが愛した者、テーベの主であるモント、二つの大地の王座の主であるアメン、ソベクラア、ホルス、ハトル、アトゥムとその九柱神、[27] ソペド、ネフェルバアウ、セムセル、東のホルス、イエメトの女主人、彼女があなたの頭を包んでくれますように。洪水の上の判士たち、山地の真ん中のミンホルス、プントの女主人、ヌウト、ヘルウェルラア、最愛の地と海のすべての神々の気に入られた者。

神々があなたの鼻に生命と力を与えてくれますように。彼らがその贈り物であなたを守ってくれますように。彼らがあなたに際限なき永遠、終わりなき長久を与えてくれますように。あなたに対する怖れが諸国と外国で繰り返されますように。あなたはアトン[28]の通り道を下しました。これが西から救い出した主に対するしもべの祈りです。洞察の主は人民を洞察します。彼は宮殿の威厳にあって洞察します。しもべは宮殿でそれを言うのを怖れます。(それは)繰り返すには大きすぎることのようです。偉大な神、ラアと同等な者は、彼のために自ら働くものを知ります。しもべは自分のことを考えてくれる者の手にあります。私は彼の指導の下に置かれています。陛下は征服者ホルスであり、あなたの両腕はすべての国々よりも強いのです。陛下はまたマキをケデムから、ヘンティイウ??をケシュの邸から、メネスをシリアの領地から連れてくるように命令を出されますように。これらは名の知れた支配者であり、あなたのお気に入りとなります。

あなたの犬のようにあなたのものであるシリアはその中に入れていません。しもべが犯した逃亡は計画されず、私の心にそれはありませんでした。私はそれを計画せず、私は故郷から離れたことに気がつきませんでした。(それは)デルタの男がエレファンティンで、湿地の男がヌビアで自らを見いだす夢のようでした。私は怖れず、私を迫害する者もなく、責めを聞きませんでした。だれも私の名を布告者の口に聞くことはありませんでした。???私の体は四つん這いで進み、両足は走り出し、心臓は私を支配しました。

あの逃亡を決めた神は私を引っぱりました。私は傲慢ではありません。自分の国を知るものは怖れるものです。ラアが国中であなたの怖れ、ほかのすべての外国であなたの恐怖を与えたからです。私が宮殿にいようと、この地にいようと、あなたはこの地平を覆っています。アトンはあなたの愛ゆえにのぼります。[29] ナイルの水はあなたの愛ゆえに飲まれます。天の風はあなたの言葉で吸われます。しもべは私がこの地で作った子供たちを（この地に）引き渡しましょう。しもべがしたことは出発することでした。陛下は望む通りになさいます。人は陛下の与える息で生きるのです。ラア、ホルス、ハトルは陛下の鼻が高貴であるのを愛し、テーベの主モントはそれが永遠に生きることを望みます。」

私は子供たちに財産を渡すために、一日間ヤアで過ごすことが許された。私の長男は私の部族の責任を持ち、私の部族と全財産は彼の手に。私の奴隷たち、すべての家畜、すべての果樹、ナツメヤシ（も）。

しもべがしたのは南に向かうことであった。私はホルスの道でとまった。そこで哨戒担当の司令官が（私の到着を）知らせるために宮殿に連絡を送った。陛下は王宮の有能な農業管理者をホルスの道に送って、私の後についてきたアジア人のために王の土産を積んだ貨物船を送ってきた。私は彼ら全員の一人一人をその名で呼んだ。執事は全員そのすべきことに当たっていた。私は出発して帆を揚げた。イチイタアウイの町への到着まで私のために（パンの粉を）捏《こ》ね、（ビールを）漉《こ》した。

夜が明けて朝。私に対する召喚が来た。十人が来て、十人が私を宮殿に連れて行くために出かけた。私はスフィンクスの間で頭を地に着けた。王子たちは私に会うために入口のところに立っていた。私を柱の間に案内した廷臣たちは私を宮殿への道に連れて行った。

私は陛下が純金で出来た入口の玉座に座っているのを見つけた。私は、うつぶせになった。陛下の前で意識を失った。この神が私に友達のように話しかけたとき、私は陛下の前でわけが分からなくなった。私は夜の闇に捕らえられた人のようだった。私の魂は絶え、私の体は力を失った。私の心は、腹の内になく、生と死の区別も分からない。

陛下は廷臣の一人に言った。「その者を立たせろ。私に向かって話させろ。」陛下は言った。「見よ、お前は外国をさまよったあとで戻ってきた。老人よ、逃亡はお前を罰した。お前は年老いて戻ってきた。お前の死体の、弓兵によらない埋葬は小さなことではない。するな、するな。お前の名が呼ばれたとき、お前は答えなかった。罰を怖れよ。」

私は怖れる者の答で答えた。「主は何を私に言われましたか。もし私がそれに答えるなら、私はしないでしょう。これが神の腕……。私はあなたの前におります。命はあなたのものです。陛下は好きなことをなさいますように。」

王のお子たちが連れて来られた。陛下は皇后陛下に言われた。「見よ、サアネヘトが、アジア人が生んだアジア人として来た。」皇后陛下はとても大きな声を上げられた。王のお子たちは声をそろえて。彼らは陛下の前で言った。「主なる王様、これは本当に彼ですか。」陛下は言われた。「これは本当に彼だよ。」彼らは自分たちの首飾り、ガラガラ、シストラを持ってきていたが、それを陛下に差し出した。

「永遠の王よ、あなたの両手が素晴らしいもの、(つまり) 天の女主人の装身具に。黄金が陛下の鼻に生命を吹き込みますように。星の女主人があなたをお守りくださいますように。南の王冠は北に行き、北の王冠は南に行き、陛下の言葉に加わり、連なる。コブラ女神、ワジェットは陛下の額に与えられます。陛下は貧しい者たちを悪から救い出しました。二つの大地の主、ラアの平安が陛下に(ありますように)。陛下万歳、すべての女主人のように。(陛下が弓の弦を) はずし、ご自身の矢を捨てられますように。息が出来ない者に呼吸させてください。我々に報酬としてこのよき贈り物をください。エジプトの地で生まれた弓兵のサアメヒイトに。[30]彼は陛下の怖れゆえに逃げ出しました。あなたに対する恐怖のゆえにエジプトを離れました。陛下の顔を見ることで顔が青くなりません。陛下を見る目は怖れません。」

　陛下は言った。「彼は怖れない。彼はこわがらない。彼は貴族にまじって廷臣となるだろう。彼は側近の一人とされよう。着替え室に行って彼を待て。」

　私が着替え室の中から出てくると、王のお子たちが私に手を差し出してくれた。我々は二枚扉から外に出た。私は王子の家に連れて行かれた。そこには素晴らしいものがあり、風呂場と?がある。どの部屋にも国庫の宝物、王の亜麻布の服、没薬、王の好きな膏がある。すべての使用人が彼に仕える。私の年齢が私の体から取り去られた。私は髭を剃られた。髪がくしけずられた。重荷は外国に与えられ、服は砂漠の住民に（与えられた）。私は朝（の衣）を着せられた。良質の油を塗られた。ベッドに寝た。私は砂をそこにいる者たちに渡し、木の油をそれを塗る者たちに（渡した）。私は、廷臣のものであった邸と？を与えられた。多くの大工がすべての木組みを新品にした。王のお子たちが途切れることなく与えてくれたもの以外に宮殿から日に三回か四回私に食事が持ってこられた。

私のためのピラミッドがピラミッド群の中に石で建てられた。ピラミッドの石切りがその地張りを請け合った。？？？の責任者は（碑文を）書き、彫刻家たちは（？？？を）彫った。死者の町にいる仕事の責任者は……。墓への縦坑に置かれたすべての道具はそこでその必要を満たした。……。私にカアの神官たちが与えられた。墓の庭が私のために作られた。そこには、トップランクの廷臣になされるように、畑があり、……。私の像は金で、そのキルトは琥珀金で飾られている。それを作らせるのは陛下だ。私と同じようにされた平民はいない。私は、船を舫《もや》う日まで陛下の恩寵の下にある。

そのはじめは、書物に見られるように終わりにいたった。

**『二人兄弟物語』**

この物語は新王国時代の文学語で書かれている。パピルスの保存はよく、欠けている箇所は少ない。しかし書記はかなり不注意だったらしく、人称代名詞にかなりの間違いが見られる。また最初の部分に何回も出てくる〝彼〟という三人称男性単数の代名詞が二人兄弟のどちらをさすのかよく分からない。文法的な細かい話になるが、このテキストは未来の継続形が過去に使われている例が多いので有名だ。

主人公のアヌビス、バタの兄弟はいずれも神の名前だ。アヌビスは死の神としてジャッカルの頭をした人体で出てくる。バタの方はそれほど有名ではないが、本来は農業や牧畜の神であったらしい。あるいはこの物語はそれぞれの神を主神とする二つの共同体同士の関係を下敷きにしているのかもしれない。

仲の良い二人の兄弟が、兄の妻のたくらみで仲たがいする。レバノンまで家出した弟は隠遁生活に入るが、それを気の毒に思った神々が作ってくれた妻のせいで死ぬ。心配した兄に助けられた弟は魔法を駆使して敵討ちをし、ファラオになる、といういかにも童話的な話だ。

アヌビスの妻がバタを誘惑しようとしてことわられ、それを怒って夫にバタを殺させようとする部分は旧約聖書、創世記の三十九章にあるヨセフ物語の冒頭部とそっくりだ。ここでは奴隷となったヤコブの息子ヨセフがエジプト人の主人ポティファルの妻に誘惑される。後にヨセフが高官になったのも、二人兄弟物語と似ていると言えば似ている。この二つの物語の因果関係は確定できないが、時代的に言っても旧約聖書がエジプトに影響された、と見るべきだろう。

末尾に記されているように、第十九王朝末の書記インナアが書いたものだが、非常に美しい筆跡である。大英博物館所蔵。

テキストには A. H. Gardiner : Late-Egyptian Stories, Bruxelles, 1973 を使った。訳には Lefebvre, Schott, Brunner-Traut, Wente, Lichtheim などがある。

---

一人の母と一人の父からの二人の兄弟がいたという。大きい方の名前はアヌビスで、小さい方の名前がバタだった。アヌビスに関して言えば、彼には家と妻があったが、彼の弟は子供のように彼（兄）のところにいた。

彼（バタ）は彼（兄）のために服を作り(31)、彼（兄）の家畜を畑に連れ出したのは彼（弟）だった。彼（兄）のために耕作するのは彼（弟）だった。彼（兄）のために収穫するのは彼（弟）だし、彼（兄）のために畑のすべての仕事をしたのは彼（弟）だった。彼（アヌビス）の弟は素晴らしい人で、彼（バタ）のような者は世界中にいなかった。彼の中には神の力があった。

それらのあと多くの日々のあと(32)、彼（アヌビス）の弟は毎日の習慣にしたがって彼（アヌビス）の家畜のあとに（ついていった）。彼（バタ）は夕方の時間に、畑のすべての野菜とミルクと薪と畑のすべてのよいものを持って家に帰った。

彼（バタ）は、彼（アヌビス）が彼（アヌビス）の妻と座っているときに、それらを彼の兄の前に置いた。彼（バタ）は飲み、食べ、彼（アヌビス）の家畜小屋で彼（アヌビス）の家畜……のあいだで（寝るために行った）。

二日目の朝になったとき、[33]（彼〈バタ〉は）料理された（食物を持ってきて）、それら（食物）を彼の兄の前に置いた。彼（アヌビス）は彼（バタ）に畑用のパンを渡した。彼（バタ）は彼（アヌビス）の家畜を畑で食べさせるために、家畜のあとを歩きながら、追って行った。彼ら（家畜）は彼（バタ）に「どこそこの所の草はいい」と言った。彼（バタ）は彼らの言うことすべてを聞き、彼らが望む、草がよいところに連れて行った。彼の管理下にいる家畜はとてもとても美しくなった。彼らは彼らの子供たちを非常に増やした。

耕作の時期になると彼の兄は彼（バタ）に言った。「耕作するために我々に一組の（牛）を準備させろ。というのも畑が現れ、耕すのにいいからだ。お前も種を持って畑に行くのだ。我々は明日耕作を始めるからだ。」彼の弟は彼の兄が「しろ」と言ったことをすべてした。二日目の朝になったとき、彼らは彼らの種を持って畑に行った。彼らは仕事を非常に楽しみながら耕作を始めた。

それらのあと、多くの日々のあと、彼らは畑にいたが、種が必要になった。彼（アヌビス）は「町から我々に種を持ってくるために行け」と彼の弟を送り出した。彼の弟は彼の兄の妻が髪を結っているのを見つけた。彼は彼女に言った。「畑に行けるように、立って私に種をください。というのも兄が待っているのは私だからです。私を遅れさせないでください。」彼女は彼に言った。「行きなさいよ。倉庫を開けて、ほしいものを持って行きなさい。私の髪結いを途中でやめさせないで。」若者は彼（アヌビス）の家畜小屋に入った。彼は、たくさんの種を持って行きたかったので、大きな入れ物を持ってきた。彼は大麦と小麦を担いで、それらを持って出た。

彼女は彼に言った。「お前の肩にあるのはどのくらいの重さなの。」彼は彼女に「[34]私の肩の上にあるのは大麦三袋、小麦二袋、合計五袋です」と言った。彼女は彼に……「お前には大変な力があるのね。私は毎日お前の強さを見ているのよ。」彼女は彼を男として知りたかった[35]のである。彼女は立ち上がって彼を捕まえた。彼女は彼に言った。「いらっしゃい。一時間寝て過ごしましょう。それはあなたにとって得になるわ。そうすれば、あなたに素敵な服を作ってあげるわ。」

若者は、彼女が彼にした悪い話ゆえの怒りで上エジプトの豹のようになった。彼女は非常に怖れた。彼は彼女と論争して言った。「あなたは、あなたは私にとって母のようです。そしてあなたの夫は私にとって父のようです。そして私より年上の人、私を育てたのは彼でした。あなたが言ったこの大きな悪は何ですか。二度私にそれを言わないでください。私はそれを誰にも言いません。私は、それが私の口から誰にも出ていかないようにします。」

彼は自分の荷物を持ち上げて、畑に行った。彼は彼の兄のところについた。彼らは彼らの仕事を始めた。夕方の時間のあと、彼の兄は自分の家に帰った。一方彼の弟は彼（アヌビス）の家畜のあとを歩き、畑のすべてのものを担ぎ、彼の家畜を町にある彼らの小屋で寝かせるために追っていった。

　彼の兄の妻は自分の言ったことの故に怖れていた。彼女は脂と包帯を持ってきて、彼女の夫に「殴ったのはあなたの弟です」と言うためにあたかも殴られた人のようになった。彼女の夫は彼の毎日の習慣にしたがって夕方帰った。彼は彼の家に着いて、彼の妻があたかも病気であるかのようにふせっているのを見つけた。そして彼女は、習慣にしたがって彼の手に水を注ぐことを、しなかった。彼女は彼（が帰る）前に灯をつけなかったので、彼の家は暗かった。彼女は吐きながら横になっていた。彼女の夫は彼女に「誰がお前と言い争ったのか」と言った。彼女は彼に言った。「あなたの弟以外に誰も私と言い争いませんでした。彼があなたのために種を取りに来たとき、私が一人で座っているのを見つけました。彼は私に『さあ、一時間過ごしましょう。寝ましょう。髪を解いてください』と言いました。私は彼の言うことを聞きませんでした。『私はあなたの母ではありませんか。そしてあなたの兄はあなたにとって父のようなものです』と彼に言いました。彼は怖れました。そしてあなたに報告させないように殴りました。もしあなたが彼を生かすなら、私[36]は死にます。ご覧なさい。彼が帰るときに（生かしておか）ないでください。私が、昨日彼がしようとした悪い提案を呪っているからです。」

彼の兄は上エジプトの豹のようになり、彼の槍を研がせ、それを手に持った。彼の兄は、弟が夕方彼（兄）の家畜を家畜小屋に入らせるために来るときに殺すために家畜小屋の扉の後ろに立った。日が沈んだとき、彼は毎日の習慣にしたがって畑のすべての作物を担いで来た。先頭の雌牛が家畜小屋に入った。彼女（雌牛）はその牛飼いに言った。「あなたの兄があなたを殺すために彼の槍を持ってあなたを待ち伏せています。彼から逃げなさい。」彼は先頭の牛の言うことを聞いた。そして他の牛が入り、それも同じことを言った。彼は彼（アヌビス）の家畜小屋の扉の下を見た。彼は、兄が槍を手に扉の後ろに立っている両足を見た。

彼は荷物を地面に置いて逃げはじめた。彼の兄は槍をもって彼のあとを追った。彼の弟はパアラアハラフティに祈った。「私の素晴らしい主よ、あなたこそ間違いと真実を裁かれる方です。」パアラアは彼の嘆願すべてを聞き入れ、パアラアは彼と彼の兄の間に大きな水を出現させた。彼は、一人はこちら側、もう一人はあちらにいる状態で川をワニでいっぱいにした。兄は、しようとした弟殺しが出来なかったことで手を二度打ち付けた。

彼の弟はこちら側から彼に呼びかけた。「朝までそこで待ってください。アトンが上るとき、私は彼の前であなたに説明しましょう。彼は間違いを真実に渡されます。私はあなたのそばに永遠にはいないからです。私はあなたのいるところにはいません。私は松の谷に行きます。」

二日目の夜明けになったとき、パアラアハラフティが上り、お互いが見えるようになった。若者は兄と論争した。「私の言うことを聞かずに不当に私を殺すために私のあとを追うとは何事ですか。いずれにしても私はあなたの弟で、あなたは私にとって父のようで、あなたの妻は私にとって母のようです。あなたが私たちに種を持ってくるために私を送ったとき、あなたの妻が私に『寝ながら一時間過ごそうよ』と言ったのではありませんか。彼女はあなたにそれを別のものにしてしまったのです。」

彼（バタ）は、彼と彼（アヌビス）の妻に起きたことすべてを彼（アヌビス）に理解させた。彼はパアラアハラフティに誓って言った。「あなたが妻の性器のために不当にも槍を持って私を殺すために来たことについて言えば……。」彼は葦のナイフを取り、自分のペニスを切った。彼がそれを水に投げると、ナマズが飲み込んだ。彼は衰え、弱くなった。彼の兄は自分の心を非常に悲しませた。彼（アヌビス）は彼（バタ）のために大声で泣いて立ち尽くした。彼はワニのために弟がいるところに渡れなかった。

彼の弟は彼に呼びかけた。「もしあなたが悪いことを思い出すなら、何かよいことか、私があなたにした何かを思い出さないでしょうか。さあ、家に戻って家畜の世話をしてください。私はあなたがいるところにはいないからです。私は松の谷に行きます。そしてあなたが私のためにすべきことは、私に何かが起きたと知ったときに、私の世話をするために来ることです。私は心臓を取り出して、松の花の上に置きます。松が切られてそれ（私の心臓）が地に落ちたら、それを見つけるために来てください。探すのに五年を過ごしても心を疲れさせないでください。それ（心臓）を見つけて冷たい水の鉢に入れてくれれば、私は再び生き返り、害をなしたものに復讐します。私に何かが起こったと分かるとき、ビールのコップを手に渡され、それが泡立ちます。それがあなたに起きたら、グズグズしないでください。」

彼は松の谷に行き、彼の兄は、手が頭にのり、彼がホコリで汚れた状態で家に帰った。彼は自分の家に着き、妻を殺して犬に投げ与えた。そして弟を悼みつつ座り込んだ。

そのあと多くの日のあと、彼の弟は野の獣を狩って日を過ごしたあと、たった一人で松の谷にいた。彼は夕方、自分の心臓が花の上にある松の下で寝た。

そのあと多くの日のあと、彼はすべての素晴らしいものと家具でいっぱいの家を自分のために松の谷に自分の手で建てた。彼は自分の家を出た。彼は、自分たちの全土をいろいろなことをしながら歩いている九柱神に出会った。

九柱神は口をそろえて彼に言った。「ヤー、バタ、九柱神の雄牛よ。お前は兄アヌビスの妻の故に自分の町を離れてここに一人でいるのか。見よ、彼は自分の妻を殺した。お前は彼（兄）にお前に対するすべての罪の復讐をしたのだ。」彼らの心は彼（バタ）のために非常に悲しんでいた。

パアラアハラフティはクヌムに言った。「さあ、バタに女を作ってあげなさい。彼は一人でいるべきではない。」クヌムは彼に、すべての神々の体液が入っているために全土にいるすべての女より肢体が美しい伴侶を作った。七人のハトルが彼女を見に来て、声を合わせて言った。「彼女は刃物で死ぬ。」

彼女が彼の家にいて、彼が野の獣を狩って彼女の前に獲物を置くとき、彼は彼女が欲しくてたまらなかった。彼は彼女に言った。「海がお前を捕まえないように、外に出てはいけない。私はお前と同じように女なので、お前を彼の手から助けることが出来ない。私の心臓は松の花の上に置かれている。誰かほかの者がそれ（心臓）を見つけたら、私はそいつと闘う。」彼は彼女にあらゆるしかたで自分の心の中をすべて打ち明けた。

そのあと多くの日のあと、バタは毎日の習慣にしたがって狩りに出かけた。その若い女は彼女の家のそばにある松の下を散歩しに出かけた。海は、彼女のあとを満ちてきながら、彼女を見た。彼女はその前から逃げ、家に入った。海は松に呼びかけた。「私のために彼女を捕まえてくれ。」松は彼女の髪の巻き毛を一つ持ってきた。海はそれ（巻き毛）をエジプトに持ってきて、ファラオの洗濯人たちの場所においた。

髪の巻き毛の匂いがファラオの服についた。ファラオはファラオの洗濯人たちを責めて言った。「あぶらの匂いがファラオの服に（ついている）。」陛下は毎日彼らを責め続けた。しかし彼らはどうすべきか分からなかった。ファラオの洗濯係の長は、毎日彼と争うことで悩みながら、河岸にやってきた。彼は止まり、水の中にある髪の巻き毛のちょうど向かいに立った。彼は（誰かに）おりて行かせ、それを持ってきた。とてもよい匂いに気がついた。彼はそれをファラオの所に持って行った。

物事を知る書記たちがファラオの下に集められた。彼らはファラオに言った。「この髪の巻き毛はあらゆる神の体液が彼女の中にある、パアラアハラフティの若い女性のものです。それは他の国からのあなたへの贈り物です。彼女を探しにあらゆる国に使節を行かせなさい。彼女を連れてくるために、松の谷に向かう使節には、多くの人々を行かせなさい。」王は言った。「お前たちが言ったことはとてもいい。」彼らを行かせた。

このあと多くの日のあと、国々に行った使節たちは王に報告するために帰ってきた。しかし松の谷に行った者たちは、バタが殺してしまったために帰らなかった。しかし彼（バタ）は王に報告するために一人を残した。王は、彼女を連れてくるために、多くの人々、兵に戦車隊までも行かせた。彼らのうちには、女性用のいろいろと素晴らしいものすべてが与えられた女もいた。その女（使節団の一員）は彼女（バタの妻）とともに帰ってきた。

全土で彼女のための祝いが行なわれた。王は彼女をとても愛し、〝偉大な淑女〟に任じた。王は、夫について話させるために彼女を説得した。彼女は王に言った。「あの松の木を切り倒し、バラバラにさせなさい。」王は、松を切り倒すために、人々と兵たちに斧を持って行かせた。彼らは松のところについた。彼らはバタの心臓がその上にある花を切り落とした。彼はその瞬間に倒れて死んだ。

松が切り倒された翌日の朝が明けたあと、バタの兄のアヌビスは自分の家に入った。彼は手を洗うために座った。彼の手に一杯のビールが渡されたが、それは泡を立てていた。彼代わりにワインの別（のコップ）をもらったが、（匂いが）鼻をついた。彼は自分の杖とサンダル、また服と武器も持った。彼は松の谷への旅に出かけた。彼は弟の家に入った。彼は弟が死んで自分のベッドに横たわっているのを見つけた。彼は、弟が死んで横たわっているのを見たとき、泣いた。

彼は、弟が夕方その下で寝ていた松の下で弟の心臓を探しに行った。彼は、見つけることなく、その探索の三年間を過ごした。彼が四年目を始めたとき彼の心はエジプトに帰りたくなった。彼は、「明日は帰ろう」と心に言った。翌日の夜明けになると、彼は松の下を歩き始めた。彼はそれを探してその日を過ごした。彼は夕方帰り、再び探して時を過ごした。彼は松ぼっくり[37]を見つけ、それを持って帰った。それは弟の心臓だった。彼は冷たい水の鉢を持ってきてそれをその中に入れた。そして彼は毎日（の習慣）にしたがって座り込んだ。夜になったあと、彼の心臓は水を飲んで、バタは全身をふるわせた。彼は、心臓は、鉢の中にある時に兄を見始めた。彼の兄のアヌビスは彼の弟の心臓が入っている冷たい水の鉢をとった。彼はそれを飲ませた。すると彼の心臓は本来の場所に落ち着いて、元あったようになった。

お互いに抱き合い、お互いに話し合った。バタは彼の兄に言った。「私は、誰もそんなものを知らないようなあらゆるきれいな色の大きい雄牛になります。あなたは背中に座ってください。日が昇るまでに、我々は復讐するために妻のいるところにつきます。私を王のいるところに連れて行ってください。王はあなたにすべての素晴らしいすべてのことをするからです。あなたは、私をファラオに連れて行くことで、銀、金を与えられるでしょう。私が偉大な奇跡になり、全土で祝いが行なわれるからです。あなたは自分の町に帰ってください。」

翌日の夜明けに、バタは、兄に告げた姿になった。彼の兄のアヌビスは夜明けに彼の背中に乗り、王のいるところに到着した。彼（牛）について王に知らされた。彼（王）は彼（牛）を見て、それを非常に喜んだ。彼（王）は、「この現象は偉大な奇跡である」と言って、彼（牛）のために大きな祭りを催した。全土で彼のために祝った。彼の兄は銀や金を与えられ、自分の町に落ち着いた。王は、彼（牛）に大勢の人とたくさんのものを与え、全土のどんな人よりも彼（牛）を非常に愛した。

そのあと多くの日のあと、彼は台所に入り、〝淑女〟のいるところに立って彼女に話し始めた。「ご覧、私はまだ生きている。」彼女は彼に言った。「お前はいったい誰なの。」彼は彼女に言った。「私はバタだ。私は、お前がファラオのために松をバラバラにさせたとき、それは私故で、私を生かしておかないためだったのに気がついた。見よ、私は牛としてまだ生きている。」〝淑女〟は彼女の夫が言ったことを非常に怖れた。彼は台所を出た。

王は彼女とともに楽しく座っていた。彼女は王に（酒を）注ぎ、王は彼女と一緒でとても楽しかった。彼女は王に言った。「『私の言うことを私は聞き入れる』と神かけての誓いを私にください。」彼は彼女が「私にあの牛の肝臓を食べさせてください。あれは何もないからです」と言うことをすべて聞き入れた。王は彼女が言ったことで非常に悩んだ。ファラオの心はそれ（牛）が非常に気に入っていたからである。翌日の夜明けのあと、王は偉大な犠牲、つまりあの牛の奉献を宣言した。王は牛を犠牲にするために王の献酌官長の一人を派遣した。

王が屠らせたあと、彼は（死骸を運んでいる）人の肩の上にあった。彼は首をふるわせた。彼は二滴の血を王の二本の門柱のそばに落とした。一滴はファラオの大きな門のこの玄関に落ち、もう一方はもう一方の玄関に落ちた。

それらは二本の大きなアボカドの木に育ったが、どちらも素晴らしかった。王に伝えに行った。「二本の大きなアボカドの木が夜、王の大きな門の脇に王のための偉大な奇跡として育ちました。」全土で人々が喜んで、木に捧げ物をした。

そのあと多くの日のあと、王はあらゆる花で作った花輪を首にラピスラズリの謁見の窓に現れた。彼は琥珀金の馬車に（乗った）。彼はアボカドの木を見に宮殿を出た。〝淑女〟は馬車に乗ってファラオのあとからでかけた。王は一本のアボカドの木に座り、（〝淑女〟

はもう一本の木の下に座った。バタは）彼の妻に言った。「噓つき！　私はバタだ。私はお前（の悪巧み）にもかかわらず生きている。私は、ファラオのために切らせたのが（実は）私のせいだということが分かった。私は牛になったが、お前は私を殺させた。」

そのあと多くの日のあと、〝淑女〟は王に（酒を）注ぎ始めた。王は彼女とともに楽しんだ。彼女は王に言った。「神に誓って言ってください、『お前、〝淑女〟が私に言うことは彼女のためにそれを聞き入れる』と。言ってください。」彼は彼女の言ったことを全部聞き入れた。彼女は言った。「二本のアボカドの木を切らせて素敵な家具を作らせてください。」王は彼女の言ったことをすべて聞き入れた。みじめな……のあと、王は有能な指物師たちを行かせた。ファラオのアボカドを切り倒したが、王の妻、〝淑女〟はそれを見ていた。木くずがとんで、〝淑女〟の口に入った。彼女はそれ（木くず）を飲み込み、即座に妊娠した。王はそれら（アボカドの木）で彼女の望むものを何でも作った。

それらのあと多くの日のあと、彼女は男の子を産んだ。王に報せが行った。「あなたに男の子が生まれました。」

彼（男の子）は連れて来られ、乳母と小間使いたちが与えられた。王は全土で祝いをした。王は座って祝いを行なった。彼の？になった。王はそのときから彼を非常に愛し、彼をクシュの総督(39)に任じた。

それらのあと多くの日のあと、王は彼を全土の皇太子にした。それらのあと多くの日のあと、彼は何年もの間全土の皇太子であった。王は天に飛び立った。

王(40)は言った。「私の、王の高官たちを連れて来させろ。私は彼らに私に起こったすべてのことを理解させよう。」彼の妻(41)を彼（バタ）のところに連れて来て、彼は彼ら(42)の前で彼女と対決した。彼ら(43)の間で承諾が行なわれた(44)。彼の兄が連れて来られ、彼は兄を彼の全土の皇太子にした。彼は三十年間エジプトの王であり、生きている三十年間健康だった。死の日、彼の兄がその跡を継いだ。

それ（物語）は、ファラオの財務省の書記、ファラオの財務省のカアガアブ、書記ヘリイ、書記メルエムイペトの好意のおかげで無事に（最後に）至った。主任書記インナアが（これを）行なった。

この書に異議を唱える者には我が友トト神(45)が（害を）なすであろう。

---

**『ホルスとセツの争い』**

チェスター・ビーティーパピルス表面の十六ページ半にわたって書かれているこの物語は、新王国時代のものとしては最長である。紀元前十二世紀半ばのラアメス五世統治下の写本であるとみられる。非常に美しい筆跡で、欠損もほとんどない。

この物語は、第二章に触れたように、上下エジプト統合の史実が下敷きになっているとの説もある。ピラミッドテキストには、このセツ、ホルス二神の争いの痕跡があり、非常に古くから伝えられた物語であることが分かる。

ホルスの母であるイシス、父オシリス、そしてセツは、ともにゲブを父、ヌウトを母とするきょうだいだった。イシスはまたオシリスの妻でもあるので、セツはホルスにとって父方でも母方でも叔父にあたる。オシリスの死後、その跡目をホルスとセツが争う。神々はホルス派、セツ派に分かれてそれぞれのひいきを有利にしようと画策する。イシスはホルスの味方をして必死に活躍するが、セツにも遠慮している。最終的にはホルスが争いに勝ち、オシリスの後継者となるが、セツも太陽神パアラアハラフティの養子となり、怖れられる雷神となった。

テキストには Gardiner : Late-Egyptian Stories 1932 を用いた。訳には Erman, Lefebvre, Lichtheim, Wente などがある。

---

偉大な姿において神秘的であり、（今までに）存在した大公たちの中の大公たち、（つまり）ホルスとセツの裁判の出来事。

さてある（神の）子は、[46]父（すなわち）その存在で西を照らすプタハの息子、オシリスの職責を求めてすべての主[47]の前に座っていた。一方、トトはオン[48]にいる大公に目を与え[49]た。ラアの息子シュウはオンの大公アトゥムの前で言った。「真実は力の主人です。『その職責をホルスに与えよ』と言って、それを行なってください。」トトは九柱神に言った。

「百万回正しい。」イシス[50]は非常に喜んで大声で叫び、すべての主の前に行って言った。「北風は西へ。[51]ウェンネフェル[52]の心は喜んだ。」ラアの子シュウは言った。「よい目を与える者は九柱神に対して真実である。」すべての主は言った。「お前たちだけで権威を行使するとは何ごとか。」？は言った。「彼[53]がホルス[54]のカルトゥーシュ[55]を継承すべきであり、彼の頭に白冠[56]が与えられるべきだ。」

すべての主は九柱神に腹を立てて長い間沈黙した。ヌウトの息子のセツが言った。「彼を私と一緒に外に放り出せ。私は、私の手が九柱神の前で彼を彼の手で捕らえる私の手を見せよう。方法はだれもまったく知らない。」トトが彼に言った。「我々はごまかしを知らないだろうか。彼の息子のホルスが生きているというのに、オシリスの職責をセツに与えるのか。」パアラアハラフティは非常に怒った。パアラアはその職責をヌウトの息子で力強いセツに与えたかったのである。オヌリスは九柱神の顔に大きな声を出して言った。「我々がしようとしているのは何だ。」オンに住む偉大なアトゥムが言った。「二人の若者を裁くために偉大な生ける神バアネブジェドを呼べ。」

セヘルに住む偉大な神バアネブジェドがプタハタアネンとともにアトゥムの前に連れて来られた。彼は彼らに言った。「二人の若者たちを裁いて、毎日ここで闘っているのをやめさせてくれ。」生ける偉大な神バアネブジェドはすでに言ったことで答えた。「無知のまま権威を行なうのはやめよう。神の母、偉大なニイトに手紙を送らせろ。彼女の言うことを我々が行なうことにしよう。」九柱神は生きている偉大な神、バアネブジェドに言った。「彼らが以前裁かれたのは真実の法廷です。」

九柱神はすべての主の前でトトに言った。「さあ、オンに住む雄牛、すべての主[57]の名で神の母、偉大なニイトに手紙を書きなさい。」トトは言った。「(そう)します。ハイ、ハイ。」彼は手紙を書くために座った。「上下エジプトの王、ラアアトゥム、トトに愛された者、二つの地の主、オン(の住人)、その姿で二つの地を照らすアトン、(ナイルを)満たすときのハアピイ、パアラアハラフティ、頭[58]を照らし、生き、健康で若々しい神の母、偉大なるニイト、すべての主の生けるバア、オンの雄牛はエジプトの生ける王である。『あなたのしもべである私は毎日エジプトのことを調べて日を過ごしております。一方ソベクは永遠に……。我々は、これまで八十年間裁判所にいるこの二人にどうすればいいのでしょうか。誰もこの二人をどう裁いたらいいか分かりません。どうぞ我々にどうすべきか書き送ってください。』」

神の母、偉大なるニイトは九柱神に手紙を送った。「オシリスの権能をその息子、ホルスに与えよ。その場にない大きな悪事をしてはならない。さもないと私は怒り、天が地に触れるだろう。すべての主、オンに住む雄牛に言え。『セツを自分のもので富ませよ。彼にお前の二人の娘、アナト、アシュタロテを与えよ。そしてお前はホルスを彼の父オシリスの地位につかせよ。』」

神の母、偉大なるニイトの手紙は、九柱神が〝角の前にあるホルス〟法廷にいるときに届いた。その手紙はトトの手に渡された。トトはその手紙をすべての主と九柱神全体の前で読み上げた。彼らは口をそろえて言った。「この女神ニイトは正しい。」

すべての主はホルスに怒って彼に言った。「お前はその肉において卑劣だ。その権能は口のくさい子供のお前には大きすぎる。」オヌリスは百万倍も怒り、九柱神全体も、三十人法廷も（怒った）。神バアバアは立ち上がり、パアラアハラフティに言った。「お前の宮殿は空っぽだ。」パアラアハラフティは彼が言った返事に……、彼は心が非常に沈んで仰向けに寝た。

九柱神は外に出て、神バアバアの顔に向けて大声で叫んだ。彼らは彼に言った。「外に出ろ。お前のした間違いは非常に大きい。」彼らは自分たちのテントに行った。偉大なる神は一日を、自分のテントで仰向けに寝て過ごした。彼は、ひとりぼっちで、心は非常に沈んでいた。

長い時間のあと、南のエジプトイチジクの主、ハトルが来た。彼女は父、すべての王の前に立ち、彼の目の前で性器をむき出しにした。偉大な神は彼女を笑った。彼は立ち上がり、偉大な九柱神とともに座って、ホルスとセツに言った。「おのおの話せ。」

ヌウトの息子、力において偉大なセツ[59]は言った。「私、私こそ九柱神の中で最も力の強いセツである。私は毎日、数百万号の船首にいてラアの敵を殺している。それはどの神にも出来ないことだ。私がオシリスの権能を受けるべきだ。」彼らは言った。「ヌウトの子、セツは正しい。」

オヌリスとトトは大声で叫んだ。「本当の息子が生きているというのに、その権能を母の兄弟に与えるのか。」生ける偉大な神、バアネブジェドが言った。「彼の偉大な兄弟のセツがいるというのに、この小僧にその権能を与えるのか。」九柱神がすべての主に面と向かって大声を出して言った。「あなたの言っている、聞くに値しない言葉は何だ。」

イシスの息子ホルスは言った。「九柱神の前でのこの欺瞞、我が父、オシリスの権能を私の手から取り上げるのはよくない。」

イシスは九柱神に対して怒った。彼女は九柱神の前で神に誓って言った。「女神、母ヌウトにかけて、神々の角を砕く、高々とした羽根飾りのプタハタアネンにかけて。これらの問題はオンに住まれる偉大なアトゥムとご自分の船におられるヘプリイの前に出されるべきだ。」九柱神は言った。「怒らないでください。正義は正しい者に与えられます。あなたの言ったことはすべて行なわれます。」

ヌウトの子、セツは、九柱神が神の母、偉大なイシスにそう言ったので、彼らに対して怒った。セツは彼らに言った。「私は四千五百ネムセト[60]の王杖をとって毎日お前たちの一人を殺してやろう。」セツはすべての主に誓って言った。「私はイシスがいる法廷では争わない。」

パアラアハラフティは彼らに言った。「中州に行って、そこで彼らを裁け。渡し守のネムティに『イシスに似た女はすべて渡してはならない』と言え。」九柱神は中州に渡り、座ってパンを食べた。

イシスは歩いて、舟のそばに座っている渡し守のネムティの所に行った。しかし彼女はその前に人間の老女に姿を変えて、手に金の小さな指輪をはめて足を引きずって行った。彼女は彼に言った。「私はあなたに『私を中州に渡してください』と言いに来ました。というのも子供のために一瓶の粉を持ってきたのです。あの子は中州で今日まで五日間、お腹を空かせて家畜を追っています。」彼は彼女に言った。「『どんな女も渡してはならない』と言われた。」彼女は彼に言った。「彼らが、あなたが言ったこのことを言ったのはイシスに関してのことです。」彼は彼女に言った。「お前が中州に渡されたら、何をくれるんだ。」イシスは彼に言った。「このケーキをあなたにあげましょう。」彼は彼女に言った。「お前のケーキなんか俺にとって何なんだ。『どんな女も渡してはいけない』と言われているのに、お前のケーキと交換で中州に渡すのか。」彼女は彼に言った。「あなたに、私の手にある金の指輪をあげましょう。」彼は彼女に言った。「その金の指輪をよこせ。」彼女は彼に与えた。

彼は彼女を中州に渡した。彼女は木々の下を進んだ。彼女は目を上げて、九柱神を見た。その時彼らは自分のテントの中にいるすべての主の前に座ってパンを食べていた。セツは彼女が遠くから来るのを見た。彼女は魔法を使って自分の姿を肢体の美しい娘にした。彼女のような者は全土にいなかった。彼は彼女が非常に好色に欲しくなった。セツは、偉大な九柱神とともに座ってパンを食べていたが、立ち上がり、彼女に会いに出かけた。彼以外に誰も彼女を見なかった。彼はエジプトイチジクのうしろに立って彼女に呼びかけた。「かわいい娘、私はここ、お前のそばにいるよ。」彼女は彼に言った。「偉大な我が殿、私は言います。私はある牛飼いの妻でした。私は彼に一人の男の子を産みました。そして私の夫は亡くなりました。息子は彼の父の家畜を追うようになりました。一人のよそ者が来て、私の牛小屋に落ち着いてしまいました。彼はこんなことを私の息子に言ったのです。『俺はお前を殴ってお前の父親の牛を奪い、お前を放り出す。』彼は息子にこう言ったのです。私はあなたが息子のために力をふるって欲しいのです。」セツは彼女に言った。「その男の子供が生きているというのに、よそ者に家畜が与えられるべきだろうか。」

イシスは姿を凧に変えて飛び上がり、アカシアのてっぺんに座ってセツに声を上げた。彼女は彼に言った。「恥を知れ。お前、さっきのことを言ったのはお前自身の口だ。お前自身を裁いたのはお前の側の賢さだ。さあ、どうする。」彼は恥じて立ち、パアラアハラフティのいるところに行ったが、恥じていた。

パアラアハラフティは彼に言った。「さあ、どうする。」セツは彼に言った。「あの悪い女が、姿を私の前できれいな娘に変えて、また私の所に来て、私をまただましました。彼女は私に言いました。『私はある牛飼いの妻でした。彼は死んでしまいました。私は彼に、父親の家畜を追う一人の男の子を産みました。あるよそ者が私の子供と一緒に私の家畜小屋に住み込みました。私は彼にパンをあげました。それから多くの日々が経ったあと、居候は私の息子に言いました。[俺はお前を殴り、お前の父親の牛を取り上げる。それらは俺のものになる。]彼は私の息子にそう言ったのです』と彼女は言ったのです。」

パアラアハラフティは彼に言った。「お前は彼女に何と言ったのか。」セツは彼に言った。「私は彼女に言いました。『その人の息子が生きているというのに、家畜をよそ者に渡すだろうか。』そう私は彼女に言ったのです。『よそ者の顔を杖で撃って、追い出し、息子を父の位置につけるべきである』と言ったのです。」

パアラアハラフティは彼に言った。「見よ、自分自身を裁いたのはお前ではないか。それ以上何が欲しいのだ。」セツは彼に言った。「渡し守のネムティを連れてきて、『なぜお前は彼女を渡したのか』と言って厳しい罰を与えてください。」渡し守のネムティが九柱神の前に連れて来られ、足の先を切られた。渡し守のネムティは、金に関して今日に至るまで「金は私にとって私の町の恥ずべきものとなった」と言って、偉大な九柱神の前で誓った。

九柱神は西岸に渡り、山の上に座った。夕方の時（になった）。パアラアハラフティとオン（に住む）エジプトの主、アトゥムは九柱神に手紙を送った。「お前たちはなぜまだそこに座って何をしているのか。あの二人の若者のことだが、お前たちは彼らにその生涯をこの法廷で終わらせるつもりか。私の手紙がお前たちの所に着いたら、白冠をイシスの息子ホルスの頭にかぶせ、あれを父オシリスの地位につけろ。」

セツは猛烈に怒った。九柱神はセツに言った。「お前はなんで怒っているのか。我々はエジプトの主、オン（に住む）アトゥムとパアラアハラフティの言葉にしたがってやったのではないか。」白冠はイシスの息子ホルスの頭に置かれた。

セツは、怒って九柱神に大声で叫んだ。「その権能は、兄の私がいるのに、私の弟に与えられるのか。」彼は誓って言った。「白冠はイシスの息子、ホルスの頭から取り去られるべきである。そして彼を水に投げ入れるべきだ。私はその権能をめぐって彼と争う。」パアラアハラフティも同じようにした。

セツはホルスに言った。「さあ、二頭のカバになろう。そして海の真ん中の深みに潜ろう。そして三ヵ月の期間に浮かび上がった者に関して言えば、その者にはその権能が与えられない。」二人は潜った。イシスは座って泣いて言った。「セツは私の子ホルスを殺してしまう。」彼女は一巻きのひもを持ってきた。彼女は（ひもから）綱を作り、一デベン[61]の銅を持ってきて、それを溶かして、銛[62]を（作った）。彼女はそれに綱を結びつけ、それを水に、ホルスとセツが潜った場所に投げた。その銛は大公、彼女の息子ホルスに食いついた。ホルスは大声で叫んだ。「来てください。お母さん、イシス、私のお母さん。あなたの銛に『私から離れよ』と叫んでください。私はホルス、イシスの息子です。」イシスは大声を出して銛に、彼から離れるように言った。「見よ、それは私の息子、私の子のホルスだ。」彼女の銛は彼から離れた。

彼女はもう一度水に（銛を）投げ入れた。それはセツ大公に食いついた。セツは大声を出して言った。「私の姉妹よ、私がお前に何をしたのか。銛に『私を離せ』と言ってくれ。イシスよ、私は母から言えばお前の兄弟ではないか。」彼女は彼に対して大いに心を乱した。セツは彼女に叫んで言った。「お前は母方の兄弟のセツよりも他人を愛しているのか。」イシスは彼女の銛に叫んで言った。「彼を離せ。お前が食いついたのはイシスの母方の弟だ。」銛は彼を離した。

イシスの息子ホルスは自分の母を怒った。彼は顔を上エジプトの豹のようにして、十三デベンの刀を手に外に出た。彼は母イシスの頭をはねてそれを腕に持ち、山に登った。イシスは自分の姿を頭のない火打ち石に変えた。パアラアハラフティはトトに言った。「（こちらに）来る頭のない者は何か。」トトはパアラアハラフティに言った。「我が素晴らしき主よ、あれは神の母、偉大なイシスです。息子のホルスが彼女の頭をはねました。」パアラアハラフティは大声で叫び、九柱神に言った。「行って、彼に大きな罰を与えよう。」九柱神はイシスの息子、ホルスを探しに山々に登った。

ホルスはオアシスの地でシェヌシャアの木の下に寝ていた。セツは彼を見つけ、捕らえ、山に背中をたたきつけた。彼は両目を眼窩《がんか》から取り去り、地を照らすために山に埋めた。二つの眼球はセフレレト[63]に姿を変えた。それらは蓮に育った。

セツは出かけてパアラアハラフティに嘘をついた。「私はホルスを見つけなかった。」しかし彼は見つけていたのである。南のエジプトイチジクの主、ハトルが来て、山で泣きながら横になっているホルスを見つけた。彼女は一頭の羚羊を捕らえ、その乳を搾り、ホルスに言った。「目を開けなさい。この乳をそこに（さして）あげよう。」彼が目を開き、彼女がそこに乳をさした。彼女は右にさし、左にさした。彼女は彼に言った。「目を開きなさい。」彼は目を開き、彼女はそれを見た。彼が癒されているのを見いだした。

彼女はパアラアハラフティに報告しに行った。「私はホルスを見つけましたが、セツが彼の目を損じました。そこで私は彼を立ち直らせました。見よ、彼がやってきます。」九柱神は言った。「ホルスとセツを呼び、彼らが裁かれるようにせよ。」

彼らは九柱神の前に連れて来られた。すべての主は偉大な九柱神の前でホルスとセツに言った。「さあ、私がお前たちに言うことを聞け。飲み食いしろ。我々を平穏にしてくれ。毎日毎日のけんかをやめろ。」

セツはホルスに言った。「さあ、一日私の家で楽しもう。」ホルスは彼に答えた。「そうしよう。さあ、そうしよう、そうしよう。」夕方のあとに彼らのためにベッドが用意され、二人は横になった。夜、セツは自分の陰茎を堅くした。そしてその陰茎をホルスの太

もも の間に入れた。ホルスは自分の両手を太ももの間に入れて、セツの精液を受けた。ホルスは来て彼の母イシスに言った。「母なるイシス、私の母、来てください。さあ、セツが私にしたことを見てください。」彼は手を広げて、彼女にセツの精液を見せた。彼女は大声で叫び、刀をとって彼の手を切り落とし、それを水に投げた。それから彼女は手をちゃんと修復した。彼女はよい脂をいくらか持ってきて、それをホルスの陰茎につけた。彼女はそれを堅くした。彼女がそれを壺に入れると、彼は精液をその中に漏らした。

イシスは朝、ホルスの精液を持ってセツの庭に行ってセツの庭師に言った。「セツがここであなたの手から食べるのはどの野菜ですか。」庭師は彼女に言った。「彼はここで私の手からはレタス以外、何も食べません。」イシスはホルスの精液をその上にのせた。セツは毎日の習慣で帰り、いつもいつも食べているレタスを食べた。彼はホルスの精液で妊娠した。

セツはホルスに言いに行った。「さあ、行こう。私はお前と法廷で対決する。」ホルスは彼に言った。「そうしよう。さあ、そうしよう、そうしよう。」彼らは二人で法廷に行った。彼らは偉大な九柱神の前に立った。彼らに言われた。「自分たちについて話せ。」セツは言った。「私に支配者の権能を与えさせてください。（そこに）立っているホルスに関して言えば、私が彼を犯したからです。」九柱神は大声を上げた。九柱神はホルスの顔につばを吐きかけた。ホルスは彼らを笑った。ホルスは神に誓って言った。「セツの言葉すべては嘘です。セツの精液に呼びかけさせてください。そして私の（精液）に呼びかけさせてください。答える場所を見ましょう。」

神の言葉の主で九柱神の真の書記であるトトはホルスの肩に手を置いて言った。「セツの精液よ、外に出てこい。」それは……の水の中で彼に答えた。トトはセツの肩に手を置いて言った。「ホルスの精液よ、外に出てこい。」それは彼に言った。「どこから出ましょうか。」トトはそれに言った。「彼の耳から外へ出てこい。」（精液は）彼に言った。「私は神的液体だというのに、彼の耳から出るのですか。」トトは（精液に）言った。「頭のてっぺんから外に出ろ。」（精液は）黄金の（太陽の）アトン（円盤）の姿でセツの頭から出た。セツは非常に怒り、黄金のアトンをつかもうと手を伸ばした。トトは手でそれをつかみ、それを冠として（自分の）頭にのせた。

九柱神は言った。「ホルスは正しく、セツは間違っている。」彼らが「ホルスは正しく、セツは間違っている」と言ったとき、セツは怒り狂った。セツは神に大きな誓いを立てて言った。「彼が私とともに外に追い出されて、我々が石の舟を作り、二人で競争するまでその権能を彼に与えるべきではない。相手を捕らえる者に支配者の権能が与えられるべきである。」

ホルスは杉の舟を造り、それに漆喰を塗って夕方に水に浮かべた。全土の誰もそれを見なかった。セツはホルスの舟を見て、「石だ」と自分に言った。彼（セツ）は山に登り、てっぺんの石を切り取り、百三十八キュービットの石の舟を造った。彼らは九柱神の前でそれぞれの舟におりていった。セツの舟は水に沈んだ。セツは自分の姿をカバに変え、ホルスの舟を沈没させた。ホルスは自分の銛をつかんでセツ大公に投げ（ようとし）た。九柱神は彼に言った。「それを彼に投げるな。」彼は銛をとってそれらを自分の舟に置いた。彼は、神の母、偉大なニイトに「私をセツとともに裁かせてください。我々は今までに八十年間法廷にいます」と言いにサイスに向かって北上した。「誰も我々を裁くことが出来ず、私に対する彼の正当性は与えられていません。私はこれまで毎日千倍も彼より正当であり、彼は九柱神の言うことすべてに注意を払いません。私は彼と〝真実の道〟法廷で争い、彼に対する私の正当性が与えられたのです。私は彼と〝?の〝角の前のホルス〟法廷で争い、彼に対する正当性が与えられたのです。私は彼と〝湿地のプール〟法廷で争い、彼に対する正当性が与えられたのです。」

九柱神はラアの息子シュウに言った。「真実は、イシスの息子ホルスの言ったことすべてにある。」トトはすべての主に言った。「オシリスが二人の若者を裁くように、彼に手紙を送らせなさい。」ラアの息子シュウが言った。「トトが九柱神に言ったことは百万回正しい。」

すべての主はトトに言った。「座って、オシリスに手紙を書け。我々は彼が言うことを聞こう。」トトはオシリスに（次のような）手紙を書くために座った。「雄牛、自分のために狩る獅子、二人の淑女、神々を守護する者、エジプトを制圧する者、黄金のホルス、太古に人間を見いだした者、上下エジプトの王、オンに住む雄牛、プタハの息子、彼の九柱神の父として両岸の栄光ある者、彼は黄金とすべての金属を食べる。聖なる者。さあ、我々が無知故に何かを行なわないように、ホルスとセツに何をすべきか書いてください。」

それらのあとその手紙が王ラアの息子、〝気前のよい滋養の主〟に着いた。彼は、その手紙が目の前で読まれた時、大声で叫んだ。彼は非常に急いで、すべての主が九柱神とともにいるところに返事を出した。「なぜ私の息子ホルスに対して虚偽がなされるのか。お前たちを強くしたのは私であり、神々や神々についで家畜を生かすために大麦と小麦を作ったのは私であるのに。どの神もどの女神もそれを見つけることは出来ないのに。」このオシリスの手紙は、パアラアハラフティが九柱神とともにハスウの白い台地に座っているところに着いた。彼の手紙は彼と九柱神の前で読まれた。パアラアハラフティは「どうぞ、私のために早く早くオシリスに手紙を書いてください。そしてその手紙でこう言ってください。『あなたが出現せず、生まれなかったとしても、それでも大麦と小麦は出来たでしょう。』」

すべての主の手紙がオシリスに着き、それが彼の前で読まれた。彼はパアラアハラフティに再び（次のように手紙を）送った。「お前たちがしたすべてのことは非常によい。九柱神は、正義が冥府で沈められたのに、することを見いだした。さあ、お前もまたこの事態を見てくれ。私がいるところはすべての神と女神を恐れない粗野な使者でいっぱいだ。私は彼らを行かせる。そして彼らは悪いことをする者すべての心臓を持ってきて、彼らは私のいるここに出現する。ああ、お前たちみんなが外にいるとき、私がここ、西でくつろいでいるのは何だ。お前たちのうちで私より強い者は誰だ。見よ、お前たちは嘘を行為として見いだした。偉大なるプタハ、彼の城壁の南、アンフタアウィの主が天を作ったとき、彼はそこにある星に『夕方には、お前たちは西、オシリスがそこにいるところで休め』と言わなかっただろうか。『貴族も平民も、神々にしたがってお前のいるところで休むべきである』と彼は私に言った。」

それらのことのあと、オシリスの手紙がすべての主が九柱神とともにいるところに到着した。トトはその手紙を受け取り、それをパアラアハラフティと九柱神の前で読み上げた。彼らは言った。「〝気前のよい滋養の主〟が言うことはすべて正しい正しい。」

セツは言った。「私が彼と闘えるように我々を中州に連れて行かせろ。」彼は中州に行った。ホルスのセツに対する正しさが与えられた。エジプトの主でオンのアトゥムはイシスに言ってやった。「手錠で押さえつけた状態でセツを連れて来い。」イシスはセツを囚人として手錠で拘束したまま連れてきた。アトゥムは彼に言った。「お前はなぜ、お前たちに裁かせないのか。お前はホルスの権能を取り上げるのか。」セツは彼に言った。「その反対です、素晴らしき我が主よ。イシスの息子のホルスを呼び出させ、彼に父親オシリスの権能を与えさせてください。」

　イシスの息子のホルスを連れてきて、彼の頭に白冠をかぶせ、彼を父オシリスの座につけた。彼に言われた。「あなたはエジプトのよき王であり、あなたは永遠に永久に全土のよき王です。」イシスは大声で息子のホルスに叫んだ。「お前はよき王だ。私の心は喜んでいる。お前はその出現で地を照らす。」

　偉大なるプタハ、彼の城壁の南、アンフタアウィの主は言った。「セツにすべきことは何か。ホルスを父オシリスの玉座につけたではないか。」パアラアハラフティは言った。「ヌウトの息子セツを私にくれ。彼は私のそばに息子として私とともに住む。そして天で雷を鳴らし、みんな彼を怖れる。」

　パアラアハラフティのところに来て言った。「イシスの子、ホルスが支配者として立った。」パアラアは非常に喜び、九柱神に言った。「イシスの子、ホルスに対して全土に声を上げよ。」イシスが言った。「ホルスは支配者として立った。」九柱神は祝い、天は歓喜。彼らはイシスの息子ホルスを見るとき、その手に花輪をとった。彼はエジプトの偉大な王として立った。九柱神、彼らの心はそれらを喜ぶ。全土は、イシスの息子ホルスを見るとき、喜んでいる。父、ブシリスの主、オシリスの権能は彼に与えられた。

　これは、テビ（神）の玉座、テーベにおけるよき到達である。(64)

（1）落ちついて
（2）長さの単位
（3）不確実な天候を、地を見るように確実に読むことができる。
（4）これはかなり面倒な文である。マストが波の力を受けて自分はひどくは打たれなかったので助かった、という意味だと考える。
（5）野菜か果物だろうが、不明。
（6）元気になる、の意か。
（7）冒頭の「副官」と同じ言葉。少なくともこの箇所から見ると、司令官に対する副官と言うよりは、一種の官位ではなかったかと思われる。
（8）王に褒美として奴隷を与えられた。
（9）第十二王朝二番目のファラオ、紀元前二千年前後に統治。
（10）第十二王朝初代のファラオ、紀元前二千年前後に統治。
（11）死んだ。
（12）悲しみの動作
（13）オシリスの子ホルスで、次のファラオになることを暗示している。
（14）センウェスレトは、取るものも取りあえず都に向かったが、これはファラオ継承に邪魔が入らないようにしたものである。
（15）はっきり書かれてはいないが、サアネヘトは別の王子たちによる王権奪取の陰謀を聞いたのだろう。
（16）エジプトイチジク、二つの真実はいずれも地名。
（17）レバノン北部の地名
（18）ナイル上流のアスワン地区にある中州の島
（19）ライオンの頭部に人間の体をした戦争の神

(20) 娘婿のサアネヘトに長子権を与えた。
(21) エジプト
(22) うつぶせに
(23) 戦争の神
(24) エジプトの宮殿
(25) 私（サアネヘト）
(26) アジアでの埋葬の習慣。
(27) ヘリオポリス神話による。アトゥム、シュウ、テフヌト（この二神はアトゥムの子）、ゲブ、ヌウト（この二神はシュウとテフヌトの子）、オシリス、イシス、セツ、ネフテュス（この四神はゲブとヌウトの子）。ただし、入れ替えはある。
(28) 太陽
(29) 日の出
(30) 彼が北のアジアから帰ったので、サアネヘト（エジプトイチヂクの子）にサアメヒイト（北風の子）を掛けたのだろう。
(31) 物語の続きで兄嫁がきれいな着物をバタに約束しているから、服だけは兄が作ったと考えることも出来る。あるいは普段着は弟が織ったと考えることも可能であろう。
(32) 「そのあと」の意の慣用句。
(33) 「翌日」の意の慣用句。
(34) テキストでは「あなた」
(35) *rh*（知る）にはヘブライ語のידעと同様に性的な意味がある。（参照　創世記四章一節）
(36) 一日は日没に始まるので、夜には昼間起きた出来事は昨日のこととなる。
(37) 松ぼっくりと心臓は形状が似ている。

(38) この「私」はバタの妻で、次の「私」は王である。直接話法と間接話法が両方入った例。
(39) 「皇太子」の称号
(40) 新しい王＝バタ
(41) 先王の妻＝バタの不実な妻
(42) 重臣
(43) 重臣
(44) たぶん新王（＝バタ）が先王の妻（＝バタの不実な妻）を弾劾し、死刑にするのを承認したのだろう。こうして彼女が作られたときに七人のハトルの予言したことが成就することになる。
(45) 学問、文字、文学などをつかさどる知恵の神。
(46) ホルス
(47) ラア
(48) ヘリオポリス
(49) エジプトの王権の象徴
(50) オシリスの妻でホルスの母。また、セツの姉。
(51) 事態が急に変わった＝好転した、という意味の慣用句だろうか？
(52) オシリスの別名。
(53) ホルス
(54) オシリスの間違い
(55) オシリスの子のホルスがファラオと同一視された。ファラオの名は特殊な枠で囲まれる。これがカルトゥーシュである。したがってホルスがオシリスの子で王であることがこのカルトゥーシュで認証されることになる。
(56) 上エジプトの冠

(57) アトゥム
(58) 不明
(59) 船名。
(60) 重さの単位
(61) 重さの単位
(62) 直訳すれば〝青銅〟あるいは〝銅〟
(63) 意味不明。「球根」か?
(64) 物語が終わったことを示す。

# 第七章　王の王、ラアメス二世

## ファラオの記録

エジプトの歴史はなんと言ってもファラオたちが中心だ。後のギリシャ世界などとちがって極端に個人の抑えられた世界では、神としてこの世を治めていたファラオに、よくも悪くもすべてが帰せられる。ファラオ以外にも、初めて石造りのピラミッドを設計したイムホテプなど少数の人々が歴史に記憶されたが、それらはあくまで例外に過ぎない。

エジプト語でペル・アア（大きな家）が、その後世界語になったファラオの語源だ。もっとも歴代ファラオの住んでいた〝大きな家々〟は残念ながら歴史の風化に堪えなかった。墓、神殿、葬祭殿などの宗教関係の建物は永遠を期するために石で造られたものの、石造建築はコストが非常に高い。美しいオベリスクや棺、彫刻などの素材となる花崗岩は、はるかナイル河の上流で切り出して建築現場まで運ばなければならない。ナイル河と洪水がその運搬の大部分を担ってくれたにしても、大変な人手を要する。万能のファラオといえども簡単に実行できる仕事ではない。

そこで現世の神のファラオたちは、あの世で神々と同居するまでのこの世の仮住居の材料

ラアメス二世立像。カイロ・エジプト博物館蔵『エジプトの秘宝2』1984　講談社　26ページ

を建築現場のそばでいくらでも生産できる日干しレンガで間に合わせた。ナイルの泥を原料とするこのレンガはコストこそ安いものの、歳月が経つにつれて元の泥に返ってしまう。しかし割合頻繁に首都を変え、別邸を国中に持っていたファラオたちにとってはこの程度で十分だったらしい。

　しかしファラオたちは永遠に続く墓のほかに、多くの碑文、パピルスを残した。エジプト人たちは記録魔だったようだ。石碑にしてもパピルスにしても、長い年月の間にはその多くが失われてしまったのだろうが、それでもじつに膨大な数の文書が残っている。この文献こそがファラオたちの功績の跡付けを可能にしてくれる。

　誰か一人ファラオを選んで、彼の事跡を追ってみよう。一人を選ぶとなれば第十九王朝のラアメス二世が当然の選択だろう。彼は統治初期に大きな対外戦争を起こして大帝国を確立し、政治的にも経済的にも黄金時代を築いた。趣味は建築だ。したがって現在エジプト観光に出かけると、ガイドから一番多く聞かされる名前がこれだ。それは、ラアメス二世がいなかったらエジプトの遺跡はかなり貧しいものになっていたのではないか、と思わせるに十分なほどだ。

彼は外国人の妻を含むおそらくは数十人の妻を持ち、百人以上の子供を作った。父セティ一世との何年間かの共同統治が父の死で終わり、単独で王になってからの六十七年間、地上の神だった。共同統治時代を含めれば、少なくとも七十年間になる。おそらく当時としては驚異的な、九十歳を超える高齢で亡くなったらしい。おかげで皇太子たちは次々と父王より早くあの世に旅立った。彼の後にファラオとなるメレンプタハはなんと十三男であり、それも五十歳を過ぎてからやっと即位できたらしい。しかし父の怪物性は遺伝されなかったらしく、たいした業績もないまま六十歳過ぎで死んだから、彼の統治期間は約十年と短い。

## ラアメス二世の名

ラアメス二世の正式の名前はカタカナで書けば「ヘル：カア・ネヘト・メリイ・マアト　ネブティ：メク・ケメト・ワアフ・ヘムスウト　ヘル・ネブウ：ウェセル・レンプウト・アア・ネフウト　ネスウ・ビイティ：ネブ・タアウィ・ウセル・マアト・ラア・セテプ・エン・ラア　サア・ラア：ネブ・ハアウ　ラア・メス・メリイ・イメン」となる。少なくとも即位して数年間はこの名前を使っていた。しかし時代が下るにつれてネスウ・ビイティの部分が色々に変わり、少なくとも他に三つの別名が知られている。

ファラオたちの名前は上に見るように五つの部分からなる。つまり、ヘル（ホルス名）、ネブティイ（二人の淑女名）、ヘル・ネブウ（黄金のホルス名）、ネスウ・ビイティ（上下エジプトの王名）、サア・ラア（ラアの息子名）の五つの部分だ。とりあえず上に記したラアメス二世の名を訳すとすれば「〈ホルス〉真実に愛される勝利の雄牛。〈二人の淑女〉エジプトの保護者にして外国の征服者。〈黄金のホルス〉（生きる）年が多くて勝利に偉大。〈上下エジプトの王〉二つの土地の王にしてラアの真実は強く、ラアが選んだ。〈ラアの息子〉出現の主であり、アメンに愛されるラアメス」とでもなろうか。

通称のラアメスは〝（太陽神）ラアが産んだ〟あるいは〝ラアが生まれた〟というような意味らしい。この〝メス〟という動詞が、ユダヤ人をエジプトから約束のカナンの地に引き出した旧約聖書の預言者〝モーセ〟の語源だという、目下のところ証明できない説のあることは前に触れた。〝ホルス〟は隼《はやぶさ》の姿で、これが第三章に記したように、二重の意味で神の子としてのファラオになる。〝二人の淑女〟はハゲワシとコブラで、この神々がおそらくは王国統一直前までそれぞれ上下エジプトの主神だったらしい。おそらくは統一を成し遂げた、半分は伝説的なメネス王が初めてこのタイトルをつけたのだろう。〝黄金のホルス〟についてはその起源がよく分からない。象形文字は黄金の上にとまっている隼の姿だ。黄金（ネブ）を示す象形文字の女性形（ネベト）はオシリスを殺してその息子のホルスと王位を争うセツを主神とする地名だ。だからもしかしたらセツに勝ったホルスを表しているのかもしれない。

〝上下エジプトの王〟名は象形文字では水草と蜂の姿だ。この水草は上エジプトの象徴だが、蜂と下エジプトの関係は分からない。この〝上下エジプトの王〟名と次の〝ラアの息子〟名とは必ずカルトゥーシュの中にかかれる。いわば〝上下エジプトの王〟名が現在の個人名、〝ラアの息子〟名が姓に当たると言えるかもしれない。実際、ある王朝に属する歴代ファラオの多くが〝ラアの息子〟名を共有している例がある。

公式文書は大抵「良き神陛下、二つの土地の主、某のX年」と始まるのだが、この「某」のところに上にあげた長い名前が入る。何かの理由でこれが長すぎるなら、〝黄金のホルス〟名と〝ラアの息子〟名だけで代用することも可能だった。

## 即位時期の推定

彼が第十九王朝開祖のラアメス一世の孫であり、同王朝三代目のファラオである点では異論はない。ところがその絶対年代となると、生まれた年はもちろん分からず、もっと大事で公的な性格の強い即位の年に関してすら紀元前一三〇四年、一二九〇年、一二七九年と少なくとも三つの可能性がある。最後の一二七九年は前後と合わないのでこれを取る人は少ないが、十四年の差がある前者二つの可能性のどちらを取るかについては決定的な根拠はない。

よく分からないのにどうしてこんな半端な数字が出るのだろうか。なぜ「紀元前一三〇〇年ないしは一二九〇年」と切りのいい数字にならないのか。これではイギリスで聞いた小噺に似てきてしまう。

ある人が博物館を見学していたらミイラの所に来た。すると案内人が「これは三千八年前のミイラです」と説明した。その人は驚いて「イヤ、ずいぶん正確に分かるものですね。」すると案内人は少しも慌てず、「この博物館に就職した時、このミイラは三千年前のものだ、と教えられたのです。それから八年経ちますから……。」

ラアメス大王ともあろう者の即位の絶対年代推定がこの案内人と同じような根拠によっているはずはない。少し細かい話になるが以下に見てみよう。

絶対年代の決定には二つの方法がある。一つはエジプト自身の文書に天体観察が明記されている場合だ。天体の位置は復元可能だから絶対年代を知る根拠になる。もう一つは古代オリエントにおけるもう一つの文化の発祥地メソポタミアと交渉があった時を基準にする方法だ。エジプトのファラオ某がその統治X年に、統治開始以来Y年目のメソポタミアの王某と戦争をしたり平和条約を結んだりしたとなれば、その両方の歴史を比較することが出来る。

天体観察から見てみよう。ラアメス二世の治世とそれ以前に、四回の天体観察記録がある。アメンホテプ四世（イクナトン）の九年目にシリウス星が観察された記録、トトメス三世統治期に月の記録が二回、ラアメス二世の五十二年目の月の記録の合計四回だ。

エジプトでは、一年のうち七十日ほどシリウス星が地平線から下に降りて見えなくなる。それが再び上がった時を年の初めとした。ちょうどそれがナイルの減水期の最後にあたり、それからは洪水に向けて増水する時期と重なる。農業国家では暦は農作業に合わせなければならない。これにも色々な問題がある。「Xの季節（一年は四ヵ月ずつ、第一（＝洪水）、第二（＝種まき）、第三（＝収穫）の三つの季節に分けられる）Y月Z日」と書いてある場合、それが我々の暦の何月何日に当たるか正確には分からない。さらに大きい問題は観察された場所が書いてないことだ。つまり北部のメンフィス地区で観察するのと、南部のテーベ地区で観察するのでは、その緯度の違いのために二十年の差がついてしまう。

観察されたのがメンフィス地区ならアメンホテプ四世の九年目は紀元前一三五三年ないし一三四五年なのに、テーベ地区なら一三三三年ないし一三二五年となる。これにはまだ観察された場所の高さを考えに入れていない。天文学者たちは地上で観察したのだろうか、それとも天文台として塔が用意されていたのだろうか。

第十八王朝のトトメス三世統治二十三年目に月が観測された。これから同ファラオの即位は紀元前一五一五年ないし一四九〇年と推定される。しかもトトメス三世は幼少期に即位し、養母ハトツェプストの影響から脱するまでに二十年ほどあるが、どちらをさすのかはっきりしない。

ラアメス二世の観測記録は統治五十二年目だ。これをもとに計算した即位の年が紀元前一三〇四年、一二九〇年、一二七九年のいずれかであることは前記した。

これらの要素をエジプト内の歴史と嚙み合わせれば何とかなりそうなものだ。ところが第十八王朝は前半こそはっきりしているものの、イクナトンのアマルナ時代からあとしばらくがはっきりしない。さらに第十九王朝初期のファラオたちの統治年数がまた分からない。結局トトメス三世からラアメス二世までの分からない部分を合計すると少なくとも十五年の差が出てしまう。

他の地域の歴史との比較としては、ラアメス二世より大分後の第二十二王朝のショシェンク一世がある。彼はソロモンの子レハブアムの統治五年目にユダ王国に侵攻した。この記事は聖書の列王記上十四章二十五から二十六節、歴代誌下十二章二節にある。列王記によると「レハブアム王の第五年に、エジプトの王シシャクがエルサレムに攻め上って、主の神殿と王宮の宝物を奪い取った。彼はすべてを奪い、またソロモンの作った金の盾をすべて奪い取った」となっている。ところが、それが二十一年あったショシェンク一世統治の何年目か分からない。歴史家たちはこの侵攻などを元にして彼の即位が紀元前九四八年から九四一年のいつかだったろうと推定している。問題はそれだけではない。たとえこのショシェンク一世の絶対年代が決定出来たにしても、彼とラアメス二世を隔てる正確な年数が分からない。第十九王朝末期が混乱していてはっきりしない。第二十王朝はほぼ確実に跡付けられるが、第二十一王朝がゴチャゴチャだ。

ラアメス二世は統治五年目にカデシュでヒッタイトと戦争をしており、二十一年目に平和条約を結んでいる。これはよい手掛かりになるはずだ。ところがヒッタイトは王たちの年代記を作らなかった。これでは比較しようにも助けにならない。

さらに細かい議論はあるのだが、要するにラアメス二世の即位が紀元前一三〇四年か一二九〇年のどちらであったかを決定することは出来ない。結局のところ「紀元前十四世紀末か十三世紀初め」としか言えないのだろう。これでは先に笑った博物館の案内人とたいして変わらないことになってしまう。しかしこれが現在のエジプト学の限界だ。

## 統治一年目

第十八王朝最後のファラオ、ハレムヘブはデルタ北東部出身でプラアメスという名の軍人を首相にした。プラアメスは下級将校から成り上がった軍人らしく、少なくとも王族の出身ではない。彼の名前の最初にある〝プ〟は英語の the に当たる定冠詞だ。ファラオの名前についている例はあまりないが、一般の名前にはよくこの定冠詞がつく。ハレムヘブの死後、このプラアメスが第十九王朝を開いて最初のファラオとなるが、その時に定冠詞を名前から取ってラアメスとなった。これが第十九王朝、第二十王朝を通じて十一世まで出るラアメスの初めである。もっともこの一世は年老いてからファラオになったため、その統治期間は

一、二年と短い。

次のセティ一世は十五、六年間にわたって統治した。彼はその最後の少なくとも三年間、皇太子だったラアメス二世との共同統治に入る。はっきりとは分からないが、セティ一世が対外政策を、ラアメス二世が内政問題を見ていたような形跡がある。ラアメス二世が単独統治になってからの数年間、外征に関する記録がないからだ。その一つの証拠が一八四三年に発見されたクバン石碑だ。現在は、エジプト語の解読に成功したシャンポリオンがかつて教鞭を取った南フランスのグルノーブルにある博物館に保存されている。ラアメス二世が統治を始めてから三年目のことだ。このクバン石碑の内容はこうなっている。

北部のメンフィスで神々の祭りを主催していたラアメス二世のもとに、はるか南のヌビアにあるアキータ（現在のワディ《涸れ谷》アラーキ）の金鉱が非常に有望だ、との報せがもたらされた。ところがそこへ行く砂漠の道には水がほとんどないため、金鉱労働者の半分とロバのかなりの部分が死んでしまう。そこで金鉱そのものは豊かでありながら、ほとんど生産することが出来ない。ラアメス二世はさっそく会議を召集した。すでに井戸掘りが何度も試みられた。父のセティ一世も深さ約六十メートル（！）もの井戸を掘ったが水は出なかった。ところがラアメス二世の命令で井戸が掘られると、わずか数メートルの深さで水が出た。おかげでこの金鉱の生産はスムースになった。残念ながらこの石碑は上半分は保存状態が非常に良いのに、下半分が壊れており、ラアメス二世が新しい井戸掘りに関してどういう命令を下したのか分からない。掘る場所などについて何か特別な指示があり、それが神代以来発見できなかった水を発見したラアメスの偉大さを表しているとは思われるのだが。いずれにしてもこの事件は統治三年第二の季節一月四日に起こった。

もう一つラアメス二世統治最初期の大事な文献は、アビドスにある父セティ一世の葬祭殿にある文書だ。文書と言っても壁に刻まれたレリーフなのだが、これがラアメス二世の残した数多くの文書のうちでももっとも長いものだ。全部で百十六行あり、各行は長い。アビドスは冥界の王オシリスの町であったため、墓が多い。そこに作られたセティ一世の葬祭殿はエジプトの遺跡の中でももっとも印象的なものの一つだ。

統治一年目にラアメス二世はテーベに向かう途中アビドスを通った。その時、父の葬祭殿が未完成のままに荒れているのに気がつき、それを修理完成させる、という内容だ。統治一年目への言及はこの文書の中に何回かあるが、これだけの建築が一年のうちに出来るわけはない。しかも文書のレリーフは建築がすべて終わってからしか彫り込めない。とすれば何年か後になってから一年目の建築を思い起こして書かれているのだろう。多少のアナクロニズムも目につく。完成した後の献堂式で、父セティがあの世から答えているから、ラアメス二世がこの〝統治一年目〟を単独統治になってから数え始めたのは確かだろう。もっとも前述したクバン石碑が共同統治の三年目で、セティ葬祭殿文書がその後の単独統治一年目、ということはありうるのだが。少なくともクバン石碑の時期にセティ一世がすでに死んでいた、とする積極的な理由はない。

## カデシュの闘い

しかしラアメス二世は長く内政にかかずらってはいられなかった。前王朝から持ち越しのアジア経営問題があったからだ。早くも統治四年目に外征軍を起こしている。行き先は現在のベイルートだ。ベイルートの少し北にあるナハル・エル・カルブ（犬の川）の地中海に注ぐ河口に石碑を残した。残念ながら保存状態が最悪で内容はほとんど分からない。いずれにしてもこの川がラアメス二世が第一次遠征で到達したもっとも北の線だったのだろう。

ラアメス二世はその翌年にふたたび大きな外征軍を起こす。この時にカデシュに陣を据えたヒッタイト連合軍と闘い、九死に一生を得るが、これについては後述する。この戦役は決定的なものとはならなかった。そのため統治五年目から八年目にかけてのある時期に、パレスチナ（現在よく知られているこの地名はローマ時代以降のものだから、ラアメス二世は知るはずもない）ではヒッタイトが後ろで糸を引く反エジプト暴動が始まった。ラアメス二世はさっそく出兵し、アスカロン（現在イスラエルの南部にあるアシュケロン）の町を征服した。統治八年目にはさらに北方のガリラヤにも兵を進めている。

ラアメス二世は、統治二十年目頃に再度の大遠征を行なった。それまでにもパレスチナをめぐる小戦闘があったものと思われるが、それについての記録はない。ラアメス二世はこの

カデシュの闘い。ラメセウム第二塔門レリーフ写し

遠征で、すでに平定されていたパレスチナを起点にしてさらに北東のナハラインに攻め込み、その中心都市トゥニプ郊外で大勝を収めたらしい。この戦闘が最後となってエジプトとヒッタイトの間に平和条約が結ばれた。

統治五年目のカデシュの闘いは、勝敗こそつかなかったものの、ラアメス自身が決定的な役割を果たしており、彼にとって忘れがたい戦闘であったらしい。テーベのカルナック神殿、ナイル河西岸にある葬祭殿のラメセウム、アブシンベル神殿など数ヵ所に記されている。

余談になるが、イスラエルとアラブ諸国が闘いを続ける四次にわたる中東紛争のうち、一九五六年の第二次中東戦争ではイスラエルがイギリス、フランスと組んでエジプトを攻めた。イスラエルはこの戦争を〝カデシュ作戦〟と呼んでいる。

古いほうのカデシュの戦闘記録は古代のものとしてはほとんど唯一の詳細にわたるもので、両軍の位置、戦闘の推移、衝突以前の諜報《ちょうほう》戦などがかなりの程度に分かる点で貴重な資料だ。一部資料を訳しながらその戦闘を追ってみよう。

まだ若い、おそらくは二十代だったラアメス二世は統治五年目の第三の季節二月四日(我々の暦では四月末)、大軍団を編制してエジプトを出発した。軍団はアメン、ラア、プタハ、セツと四人の神の名をつけた四個師団に分かれている。この四個師団の中に含まれていたのか、それとも独立部隊だったのか分からないが、サアラアディイナアと呼ばれる傭兵部隊も従軍した。この名前は第十八王朝末から言及されている。おそらくサルディニア兵だろう。ファラオはアメン師団を指揮していた。各師団には戦車隊、歩兵部隊があった。兵力は分からないが、各師団五千人、総勢二万人と推定される。国境の砦チャアルウを過ぎると、アフリカとアジアをつなぐシナイ半島になる。記録にはないが、ラアメス二世の遠征軍団はこの半島の北部、地中海岸を通り、ガザに入っただろう。当時ガザにはすでに町があった。エジプトに近いという地理的条件もあり、かなりの程度にエジプト化していた、と思われる。

こうしてパレスチナに入った遠征軍はさらに北上を続けた。これが海岸を行ったのか、すでにガザの北方から内陸部に入ったのかは分からない。とにかくレバノン杉の谷にある町〝アメンに愛されたラアメス〟に到着した。これが敵地に入る前の前進基地となる。だがそれがどこにあったのかは分からない。良材として古代オリエント全体に知られ、後にユダヤのソロモン王がエルサレムの神殿を建てる時に輸入したレバノン杉は山地に生える。だから名前からすると、レバノンの中央を走る山脈のどこかに置いた戦略拠点とも思われるし、すでに前年の遠征で平定済みの海岸部分だったのかもしれない。あるいは全軍のためのキャンプを置いた地点を臨時にそう呼んだのだろうか。一方ラアメス二世は海岸道路を離れる前に傭兵部隊を別動隊とした。この隊は海岸をさらに北上し、現在のベイルートあたりから東へ進路を取って内陸部に入り、戦場となったカデシュ付近で本隊と合流することになっていたらしい。とにかくエジプト軍本隊はそこからカデシュの南方に出る。カデシュは現在のシリア西部にあるベッカー高原の南からの上り口にあたる。だからエジプト軍は、それまで海岸地方にいたとすれば、レバノン南部を東西に流れるリタンニ川に沿って内陸部に向かったのかもしれない。

一方、敵のヒッタイト側は、あたり一帯の小国家を糾合して、オロンテス川の渡河地点から約十五キロ北にあるカデシュに大兵力を集めている。その大軍はあたりの山谷を覆い、イナゴのように多かった。ヒッタイトの王はこの決戦に赴くために本国の金蔵を空にして、その金であたりの小国を買収、同盟軍としたからだ。この時点では双方ともに相手の位置を知らない。渡河地点近くまで北上したエジプト軍は土地の者二人から、ラアメス二世の軍を怖れたヒッタイト連合軍ははるか北方にあるアレッポ地方のトゥニプに集結している、との情報を得た。そうなら戦闘にはいるまでにはまだ数日かかる。決戦を急ぐ若いラアメス二世はアメン師団を引き連れてオロンテス川を渡河し、さらに北に向かった。後続のラア師団は

二、三キロ後に続いていた。しかし理由は分からないが、プタハとセツの両師団は渡河地点で遅れ、最終的には先頭集団から十キロ以上も離れてしまう。しかし敵の主力が遠いのだからそれで問題はないはずだった。

ラアメス二世はオロンテス川の西岸に位置するカデシュの北西にその日のキャンプ地を決めた。その時エジプト軍の斥候隊が二人の敵兵を捕虜にした。ラアメス二世自身がこの捕虜を訊問してみると、敵はさらに数日行程のトゥニプではなく、目と鼻の先のこのカデシュに集結している、という。渡河地点で得た情報は、エジプト軍を欺くヒッタイトの策略だった。ラアメス二世はさっそく南方の二個師団に伝令を出し、その北上を促した。

しかしその時カデシュの裏側に隠れていたヒッタイト軍は行動を起こし、カデシュの南側でオロンテス川を渡河して、アメン師団のほんの数キロ南を北上中のラア師団の横合いから襲いかかった。この攻撃部隊の主力は戦車隊だったらしい。ラア師団は行軍中だったこともあって完全に不意をつかれ、算を乱して北上し、アメン師団のキャンプ地に雪崩《なだ》れ込んだ。ヒッタイト軍は潰走《かいそう》するラア師団と共にラアメス二世のキャンプ地に侵入した。これも不意を打たれたアメン師団は大混乱に陥った。

その時陛下はこれを見て取り、すぐに立ち上がって、その父モント（闘いの神）のように怒り狂った。彼は軍装を取り、鎧《よろい》を身に着けた。彼は力に満ちたセツのようだった。それから彼は自分の馬、〝テーベの勝利〟に乗り、一人で出陣した。陛下は力強く、心は猛々しく、何者もその前に立つことは出来なかった。彼のまわり中は火に燃え立ち、彼はその息で外国（兵）すべてを燃やした。その目は相手を見るとき猛々しく、その力は相手に対して火のように燃え立った。彼は外国人数百万を無視し、彼らを藁屑《わらくず》のように見なした。陛下は敵ヒッタイトとそれと共にいる多くの国々の中に入った。彼は偉大な力のセツのようであり、怒り狂ったセフメトのようであった。陛下は忌まわしいヒッタイトの全軍を、その長や兄弟たちと共に殺し、彼と共に出てきたすべての国々の長をも殺した。彼らの歩兵、戦車隊は折り重なって倒れた。陛下は彼らをその場で殺し、倒した。彼らは彼の馬の前に倒れ、陛下はただ一人で、誰もそのそばにいなかった。

以上は資料の一部が伝えている戦闘風景である。ラアメス二世一人が闘った、というのは誇張にしても、おそらくは急襲にあってバラバラになった二個師団は戦闘集団としての機能を失い、親衛隊のみを率いていたのだろう。兵力の少ないエジプト軍は組織的な抵抗は出来なかった。ラアメス二世は戦況を見て、敵の包囲が薄い東へ突出した。これは敵の集結地、カデシュ市の方向であり、完全に敵の意表を突いた。またキャンプ地に侵入した敵は、その豊かな物資に目を奪われ、われがちに戦利品集めを始めた。このためエジプト軍は貴重な時間を稼ぐことが出来た。

そこへ本体とは別行動を取り、海岸地方をさらに北上してベイルートあたりから東に進路を取った別動隊が西から到着した。この願ってもない援軍がキャンプ内の敵を蹴散らしてラアメスと合流した。エジプト軍はこれでやっと組織的な戦闘に入れる。事態を重視したヒッタイト側は予備隊からさらに千輛の戦車を投入して、数的に劣勢のエジプト軍を南から攻め上げた。奇襲を受けた時のような絶体絶命の危機は去ったものの、それから数時間のエジプト軍は全滅の危機にあった。もし南方からの援軍が到着する前に本隊が壊滅すれば、援軍の運命も危うい。幸いなことに本隊が戦闘を続けているうちに南方から急行してきた二個師団が到着した。このため、それまで有利に闘いを進めていたヒッタイト軍は挟み撃ちにあって敗北する。エジプト軍の攻撃を生き残って逃走するヒッタイト連合軍はオロンテス川の東に残っていた予備軍と合流しようとしたが、かなりの部分が渡河の途中で溺死した。

ヒッタイト軍はオロンテス川の東側にさらに一万人近い歩兵を中心とする予備隊を置いていた。戦闘の切所《せつしょ》になぜこの予備隊を投入しなかったのかについては説明がない。ヒッタイト側がそれをしていれば、ラアメスの生命はなかったろう。説明がないと言えば、逃走したヒッタイト軍の戦車隊がなぜ川の西側にあるカデシュの城内に入らず渡河したのかについても、説明がない。

もっともこの一万人近い予備隊のせいでラアメス二世はカデシュを取れなかった。資料の一部は、翌日ラアメスがカデシュに攻撃をかけた、と伝えている。ヒッタイトの王はこの攻撃にたえかねて、丁重な謝罪文を送ってきたのでラアメスはこれに満足して兵を引いた、としている。しかしこれはいささか疑わしい。おそらくは戦闘の最初の段階での打撃が大きく、死傷者がたくさん出たために、城壁を備えた町を攻撃するには兵力不足だったのだろう。

### 軍の装備

とはいえ、決死の状況を自らの力で逃れ、戦士としての評判が高くなったラアメス二世は、満足して兵をエジプトに引いた。テーベに帰ったラアメス二世は大掛かりな戦勝祭を行なう。すでに見たようにこの戦争はせいぜいが引き分けだった。多大の費用をかけて大遠征を行ない、全軍の四分の一にあたる一個師団分の兵力をほぼ全滅させて領土的に得るところがなかったことを考えると、エジプトの敗北と考えることも出来よう。それでも戦勝祭を行なう妨げとはならなかった。テーベの三主神、アメンとその妻ムート、息子ホンスにカデシュから連れ帰った捕虜が捧げられた。

南部をナイル急流地帯、東西を砂漠、北を海に遮られたエジプトはかなりの程度に孤立している。そのためもあってエジプトの歴代王朝は好戦的というにはほど遠かった。農業に根ざしたその文明もまた戦争の必要を小さくする。エジプトが戦争を真剣に考えるようになったのは新王国になってからだ。それまでは半分野蛮な部族社会にとどまっていた砂漠の民などが戦闘の対象で、軍事問題が深刻になる、という状態ではない。真面目に軍事に対応せざるを得なくなったのは国力が充実して大規模な外征が可能になってからであり、メソポタミアや小アジアの大国との接触が始まってからのことだ。

中でも第十八王朝のトトメス三世はシリア、パレスチナ遠征に成功し、世界帝国としての基礎を固めた。しかし彼の大成功を、上に記したラアメス二世の苦戦と比較するのは不当だろう。トトメス三世の大征服は小都市国家を相手としたものであり、エジプト自身に匹敵するような大国のヒッタイトを相手にしたラアメスとはもともと条件が違う。

軍の装備は、遠距離用のものとしては弓矢、投げ槍であり、近接戦闘には刀、小刀、戦斧《せんぷ》などが使われた。兵員の保護のためには先史時代から使われていた盾がある。鎧は新王国時代から使われ始めたらしいが、高級将校のみのもので、一般の兵隊は麻のスカートをはいているだけだ。ある時期には下腹から膝にかけてハート形、三角形などのまえかけのような物をぶら下げている。何かの防具だったのだろう。

新王国直前の第二中間期に導入された新兵器が戦車だ。戦車はアジアから輸入された。そのためか戦車を表すエジプト語はなく、セム語が外来語としてそのまま使われている。どうも古代ヘブライ語にある、〝メルカバー〟という戦車を表す単語と似たような発音だったらしい。

エジプトの場合、戦車には馭者《ぎょしゃ》と戦士の二人が乗る。戦車自身に装甲は全くなく、唯一の保護は戦士の持つ盾だけだ。馭者の両手は、戦車を引く馬の手綱でふさがっている。しかし戦士は敵との距離によって弓矢、槍などで闘わなければならず、盾を使っている暇はあまりない。その点ラアメス二世の闘ったヒッタイト軍の戦車には三人が乗っていた。エジプト軍にはそれがよほど奇異だったと見えて、記録に何度かそのことが記されている。

この三人目が何をしていたかには二つの説がある。一説ではこれは盾持ちで、戦士と馭者を保護したという。また、三人目は馭者と戦士が落ちないように後ろから支えていた、という説もある。あるいは三人目の役割は状況によって変わったのかもしれない。スプリングのない、防御力がほとんどゼロの戦車で槍や矢が飛びかう石ころだらけの戦場を走ったらどうなるのかを考えると、ヒッタイトの三人一チーム制は有効だったかもしれない。もっともこの闘いの後もヒッタイト式の戦車がエジプトに導入されることはなかった。

## 二十世紀のダム工事

対ヒッタイト戦争の結果外患のなくなったラアメス二世はその長い生涯のかなりの部分、建築に情熱を燃やした。前述のごとく、統治二十一年目にヒッタイトとの平和条約を結ぶと、エジプトを直接脅かすものはなくなった。すると彼のあふれるエネルギーは建築に向いた。統治一年目に父セティ一世が完成せずに終わったアビドスの葬祭殿完成がその最初の仕事だったろう。その後は南のヌビアから北のデルタまで、彼の建築情熱が見逃したところはない。ここではアブシンベル神殿を取り上げてみよう。洞窟神殿としてはエジプトでもっとも壮麗なものだ。

この神殿は、我々の時代になって大がかりな引っ越しをしたので有名だ。エジプトの故ナセル大統領がソ連の援助を受けてアスワンに巨大なダムを造ったのが原因だった。このソ連の協力が原因となって、その後ほぼ三十年にわたってエジプトが東側に入り、ソ連の中東・アフリカ経営の中心となった。

このダムは洪水を起こす増水を止めて水を大量に蓄え、それを使って耕地を増やすこと、ダムの水が持つ位置エネルギーを利用して電力を起こすことが狙いだった。エジプトの自然を変える壮大な計画だ。後者の狙いはある程度成功し、一時期はエジプトの電力需要の二割以上、現在でも約一割をまかなっている。もっとも古代エジプト人がナイルの増水の程度を気遣ったように、現在でも増水の少ない年にはナセル湖の水位が低くなる。一九七〇年代後半から十年間続いた渇水期は深刻な影響をもたらし、電力供給が全体の十八パーセントにまで落ちた。しかし農業への影響は狙った通りにはいかなかった。洪水がなくなることで土壌に塩分が溜まり始めたからだ。耕地の拡大もほぼ失敗している。それにナイルの洪水が毎年運んできた養分が断たれたことも農業に良い影響を与えなかった。古代には農業で文明を育て、ローマ時代に世界の穀倉だったエジプトは、人口が増えたとはいえ、現在は必要な食料の七十パーセントを輸入している。

現在、カイロ郊外にあるギザの大ピラミッドのそばにある巨大なスフィンクスの首が落ちるかどうかが大きな問題になっている。この危険にさらされた首が数百キロ南のダムと関係があるらしい。つまりダムのおかげで地下水の塩分が高くなり、それが毛細管現象でスフィンクスの体に出来た割れ目を通って上昇する。水分は蒸発してしまうが、塩の結晶がそのあとに残って割れ目をさらに大きなものにする。この巨大なスフィンクスは手頃な位置にあった岩山を加工したものだが、頭は後から付けてある。いくら塩の結晶でも自然の岩を壊すには暇がかかるが、人工的な部分に対する破壊力は致命的だ。

このスフィンクスの鬚《ひげ》の一部がロンドンの大英博物館にあった。エジプトの出土品がもっともよくそろっている大英博物館やパリのルーブル美術館などの収集品は、十九世紀の帝国主義を背景に事実上掠奪したものだ。掠奪は名人のイギリス人も、さすがに地面から直接生えているこの巨大なスフィンクスは手に余ったが、本体から外れて落ちていた鬚は持ち帰った。もっとも展示はされず、倉庫に入ったままだった。この鬚は下からスフィンクスの巨大な頭部を支える役割を果たしていたらしい。その鬚がエジプトの強力な要請でカイロに戻された。ところが一部しか残っていないこの鬚を取り付けたら、頭部を支えるどころか、その重さで落下を早めるだけだろう。この保存をどうするかでエジプト政府は頭を痛めている。何を根拠にしたのか分からないが、「当分大丈夫。スフィンクス保存は外国の力を借りなくてもエジプト人だけでやれる」と主張していた古代局長は、折悪しくスフィンクスの肩から

上／移設工事中のアブシンベル神殿。下／移設後。ナセル湖をのぞむ場所に据えられた

落ちたレンガ数枚のために首がとんだ。そのために一九八八年にカイロで予定された、三年に一回の国際エジプト学会開催が危ぶまれたほどだ。

話をダムに戻そう。ダムの建設は一九六〇年に始まった。アブシンベル神殿はダムの三百キロ以上も上流にある。ところがこのダムで出来る人工のナセル湖はとてつもなく規模の大きなものだ。ダムのために水位が上がればこの神殿が水没する。

ユネスコはさっそく委員会を作り、世界的遺跡の神殿救済を目指してアイディアの募集とそのための募金を始めた。

結局神殿全体をブロックに切り刻み、ダムが完成しても水の届かない六十八メートル上に持ち上げるという案が採用された。ブロックが組み上げられ、神殿は再生した。工事開始は一九六四年一月で、完成したのは一九六八年九月だった。細かい仕事が終わったのはさらに遅れて一九七二年のことだ。神殿を作ったラアメス二世とその技術者集団ほどでないにしても、我々の世代が将来に誇れる仕事だろう。

ダムが水没させたのはアブシンベル神殿だけではない。他にも増水のために多くの遺跡が失われた。このためエジプト政府は大盤振舞を行ない、水没の危険にさらされた遺跡を分解して持って行ける国にはそれを与えた。オランダ・ライデンの国立古代博物館やニューヨークのメトロポリタン美術館にあるエジプトの小建築はこうして救出されたものだ。

## アブシンベル神殿

もっとも〝建築好き〟のラアメス二世のサンプルとしてアブシンベル神殿を持ち出すのは間違いかもしれない。というのは、この神殿は建築というよりは彫刻と言うべきものだからだ。大神殿と小神殿の二つは、ともに山に彫り込んだものだ。広間、廊下、巨大な神像彫刻、レリーフなどのすべてが、いわば一枚岩から彫りだされている。第一夫人ネフェルタリに捧げられた小神殿には「ラアメス二世は偉大な王の妻、ムートに愛されたネフェルタリの記念として、ヌビアの山にすばらしい、白い、永続する砂岩から彫りだした家を永遠の仕事として作った」と書かれている。

この神殿の製作年代がよく分からない。大神殿の玄関ホールの裏に「ラアメス二世の第一年」と彫り付けてあるところを見ると、あるいは父セティ一世の時期から建築が始まっていたことも考えられる。岩に彫り付けた彫刻神殿だから、入口の方から出来上がるのは当然だ。ラアメス二世は建築好きが高ずるあまりか、先祖の建てたものであろうと本来の文書を削り取って自分の名前を書き込んだ例がたくさんある。あるいはこれもその一例かもしれない。

一方では、ラアメス二世が高官ラアメス・アシャハブにこの神殿建築を命じているレリーフのそばに「彼はあらゆる国の捕虜のうちから多くの労働者を彼（ラアメス・アシャハブ）のために連れてきた」と書いてあり、厳しい建築現場の労働力不足を解消した様子が分かる。ところがラアメス二世は統治四年のベイルート出征まで外征行動を起こしていない。外征がなければ捕虜がいないのは当然だ。これは前述の「統治一年目」という文書と明らかに矛盾する。ここでもアナクロニズムが露呈している。

アブシンベル神殿は言葉のすべての意味で印象的だ。正面には高さ二十メートル以上の石像が四体並んでいる。天井を支える柱の役割をも果たしているこの石像はいずれもラアメス自身のものだ。石像群の真ん中を抜けて神殿の内部に入ると、八本の柱に支えられたホールに出る。これらの柱にはいずれも十メートルの高さのラアメス像が彫られているが、オシリスの姿をしており、死後の王を示している。神殿内部では床が上がり、天井が下がっており、遠近感に錯覚を起こさせるために五十五メートルという実際の奥行きよりも深く感じる。

このホールには北側と西側の壁にいくつかのドアがあり、神殿の倉庫につながっている。北面の壁にはカデシュの闘いのシーンがあり、南面にはラアメスが独力でヒッタイトと闘っている姿が描かれている。オシリスの姿をしたラアメス像の間を抜けると、四本の柱に支えられた第二のホールに出る。その奥に至聖所に至る控えの間があるが、その西側の壁には三つの入口がある。両側の入口は、おそらくは至聖所で使われたであろう宗教用具を入れておく倉庫だった。真ん中の通路を入ればそこが至聖所だ。正面の壁に東を向いてラアハラフティ、ラアメス二世、アメンラア、プタハの神像が並んでいる。一年のある時期に夜明けの太陽が入口から射し込んでこれらの像にあたる仕掛けは、三千年以上前の建築家たちの優秀さを雄弁に物語っている。

正面に面した右側のホールに彼の有名な結婚文書石碑がある。これは第一夫人のネフェルタリとの結婚ではなく、統治三十四年にヒッタイト王の長女と結婚したときのものだ。彼女は結婚後、マアアネフェルラアとエジプト風に改名し、「王の偉大な夫人」と皇后の称号を与えられた。そのころには第一夫人のネフェルタリは死んでいたのだろうか。

ラアメスの統治年号で分かっているのは六十七年が最後だ。とにかく九十歳を超える高齢の王は死亡した。すでに一つの町ともいうべき壮大な葬祭殿ラメセウムは完成しており、多くの神官が詰めていただろう。王家の谷には墓も完成していたはずだ。おそらく大変な葬儀であった、と思われるのだが、それに関する記録は全く残っていない。

しかしミイラとなって永遠の眠りにつくはずだったラアメスの安静は死後まもなく脅かされた。墓泥棒のためだ。中央政権の力が衰えた第二十一王朝には王家の墓ですら安全ではなかった。そこで神官たちがラアメス二世を含む四十九体のファラオたちをディール・エル・バフリの裏にある洞窟に移した。そのおかげでラアメス二世は十九世紀まで安全だった。そこでふたたび墓泥棒に安寧を脅かされる。現在では彼のミイラはカイロのエジプト博物館に安置されている。

# 原本あとがき

エジプト語のもっともスタンダードな文法書はイギリスのアラン・ガーディナーが書いたものだ。初版が出たのが一九二七年、二版が一九五〇年、大きく改訂した三版は一九五七年である。筆者の持っているのは三版の第四刷、一九六九年発行のものだ。表紙裏に〝一九六九年十月〟とそれを買った日付が入れてある。してみるとエジプト語との出会いは約二十年も前になるらしい。ところがテキストを読むのに欠かせない辞書を買ったのはずっとあと、エルサレムに来てからのことだ。そのころには買った本に日付を入れる習慣を失っていたので、それがいつだったかは分からない。

筆者の卒業後に筑波大学となって発展解消した東京教育大学文学部言語学科にいるころ、恩師の関根正雄教授が「古代エジプト語をやってみよう」と言い出されたことがあった。バルーア石碑というヨルダンで発見された、今でも読めない文書が実はエジプト語だ、と主張する何かの論文のためだった。その論文を送ってくれたのは、当時エルサレムに留学中だった村岡崇光メルボルン大学教授だった、と記憶している。それがガーディナーの文法書を買った年であるらしい。しかし始めてはみたものの、当時セム語が関心の中心だったため、真剣にエジプト語に取り組むことはなかった。

再びこの言葉に戻ったのはそれから十年近く経ってからである。エルサレムのヘブライ大学でセム語の主なものを一応学んだころ、その西隣にあるエジプト語に目が向いた。決定的にセム語からエジプト語に移ったのは、それからさらに数年後のことだ。ちょうどセム語の分野では新発見のエブラ文書が世界中の話題をさらっているころだった。したがって新し物好きの筆者もエブラ文書には全く手を染めなかった。

筆者が入る数年前に言語学科から独立したばかりのエジプト学科はじつに小さな所帯で、それが外国人である筆者に幸いした。恩師サラ・グロール教授には時には御自宅での個人教授も含め、それこそ手取り足取りで教えられたからである。筆者が多少なりともエジプトについて知るところがあるとすれば、それは彼女のおかげだ。その後この教室でエジプト語、民衆語、コプト語などを教える機会が与えられたのも幸運だった。

ヘブライ大学のエジプト学科はいささかよその大学とは違っている。普通エジプト学を学ぶものは歴史、美術、考古学なども習う。ところがヘブライ大学は言語学科から独立しただけに妙な伝統があり、語学が中心、と言うよりは語学しかやらないと言った方が当たっている。これは我が恩師の恩師ヤコブ・ポロツキー教授が優れた言語学者であるためらしい。彼は言葉以外のエジプトにはほとんど興味を持たず、イスラエルとエジプトが何度かの戦争のあとで国交を開いたあとにもエジプトを訪れることはなかった。

したがって発掘をしたこともなく、今後ともその気のない筆者にとって、古代エジプト一般の概説を書くのは荷が勝ち過ぎていたのかもしれない。一、二年に一度日本に行って本屋をのぞく時、年を追ってエジプト関係の出版が増えてきたことを喜んだ。しかし興味を持った素人が一冊読めば何とかその世界が分かるという内容のものがないことに不満が残った。それが本書執筆の動機である。「はじめに」にも書いたように、その試みが成功したか失敗したかを判定するのは読者だろう。

エジプト語の固有名詞の読み方については筆者には定見がない。第五章に触れたようにエジプト語は母音を書かない。しかも完全に死語になってしまったために発音を伝える伝承もない。たとえば中心的な神アメンはアモンかもアムンかもしれない。あるいは最初の〝ア〟が〝イ〟である可能性もある。それならイメン、イモン、イムンなどのどれかになる。

我々が知るかぎりエジプト語の名詞には格変化がないことになっているが、もしかしたらそれは古典アラビア語と同じように語末の母音の変化で表されていたのかもしれない。それなら最後の〝ン〟のあとに母音があったはずだ。アメヌだろうか、それともアメニだろうか。目的格ならアメナかもしれない。また母音は長かったのか、短かったのか。そもそもいくつ母音があったのか。子音のどれかがダブることはなかったか。我々には何も分からない。ましてやイントネーションやアクセントなどについては全く手掛かりもない。ずっと後代のギリシャ人はこの神名を〝アモーン〟と音写したが、それがどの程度本来の音を伝えているのか保証はどこにもない。

名詞の格に関連して妙な現象がある。ピラミッド・テキストから中期エジプト語まで、前置詞が落ちる例はほとんどない。それが後期エジプト語になってからかなりの率で前置詞が省略される。ところが民衆語でも、そのあとのコプト語でも前置詞は必ず書かれる。今までのところこの妙な現象について満足のいく説明はない。

こんなことは考えられないだろうか。つまり本来エジプト語はセム語にある主格、属格、目的格のような名詞の格を持っていた。それが古典アラビア語のように前置詞と格の両方が並立していたのが中期エジプト語までである。後期エジプト語に入ってから、格があるために理解には必ずしも不可欠ではない前置詞を省略するようになった。ところが民衆語になってから何らかの理由で格変化が失われた。そこで前置詞なしには意味が分からなくなるので、それが後期エジプト語のころのように省略されることはなくなった、と。

この提案は思い付きにしか過ぎない。格変化があったかどうか、が証明出来ないように、この思い付きを発展させる可能性もない。エジプト語が書かれるようになってから約五千年、忘れられてからすら千数百年が経つ。この間に多くのものが失われてしまって、それを回復出来る希望もない。しかし筆者個人に限れば、この空白こそがはるか後代の我々にロマンを与えてくれるように思えるのだが。

このささやかな本を妻、美智子に捧げる。大人になりきれない部分のある筆者の不自由な外国生活は、彼女が支えてくれた。また本書の草稿を読んで分かりにくいところを指摘してくれたのも妻である。

中央公論社の平林孝氏には特別に感謝する。彼は、新書編集部から本誌編集長として移られた後も筆者を励ましてくださった。その平林氏に筆者を紹介して下さったのは政治評論家の屋山太郎氏、杏林大学の田久保忠衛教授のお二人である。また、中公新書編集部の石川昂、松室徹の両氏にもお世話になった。あわせてお礼申し上げたい。

笈川博一

一九九〇年五月　エルサレムにて

# 学術文庫版あとがき

四半世紀も前に書いてすでに絶版になった本書を復刊したいという話を講談社学術文庫から受けて驚いたり、喜んだりといささか複雑だった。しかし、中公新書版の「はじめに」に「本書はそのエジプトを出来るだけバランスの取れた形で紹介しようとしている。どれだけその試みが成功したかは読者に俟つしかないのだが」と書いた。新書版が何版かを重ね、今回学術文庫版が出るのを見ると、我が試みの一部は成功したとみてもいいのではないか、と自負している。

文庫化にあたって、第六章は大幅に加筆・修正し、さらに、短編の二作品を加えた。中期エジプト語の『サアネヘト（シヌヘ）』と後期エジプト語の『ホルスとセツの争い』がそれである。また、第三章では、ほんの一部だがピラミッド文書を訳出した。

完成と胸を張るにはほど遠いし、まちがいも多いにちがいない。いずれも、原文の言い回しを出来るだけ直訳し、あえて日本語としては生硬な表現としたのは、筆者のこだわりである。

今回指摘されたまちがい、わかりにくい表現を見直す仕事は楽しかった。特に、故人となった恩師の名がまちがっていたのに初めて気がつかされ、赤面した。

本書が読者を古代エジプトの世界に引き入れてくれれば、望外の喜びである。

編集者の本橋浩子さんにはシジフォスの苦役を強いてしまった。末筆ながら深く感謝します。

二〇一四年八月　東京にて

笈川博一

KODANSHA

本書の原本は、一九九〇年に中央公論社より中公新書の一冊として刊行されました。

笈川博一（おいかわ　ひろかず）

1942年東京生まれ。1970年，東京教育大学文学部大学院修士課程修了。専門は古代エジプト言語学，現代中東学。ヘブライ大学講師，時事通信社通信員等として25年間のイスラエル在住を経て，杏林大学教授。主な著書に『イスラエルの国と人』（時事通信社），『物語 エルサレムの歴史』（中公新書）など。

講談社学術文庫

定価はカバーに表示してあります。

古代《こだい》エジプト　失《うしな》われた世界《せかい》の解読《かいどく》

笈川博一《おいかわひろかず》

2014年９月10日　第１刷発行
2024年８月２日　第５刷発行

発行者　森田浩章
発行所　株式会社講談社
東京都文京区音羽 2-12-21 〒112-8001
電話　編集（03）5395-3512
販売（03）5395-5817
業務（03）5395-3615

装　幀　蟹江征治
印　刷　株式会社広済堂ネクスト
製　本　株式会社国宝社
本文データ制作　講談社デジタル製作



ISBN978-4-06-292255-5

# 「講談社学術文庫」の刊行に当たって

これは、学術をポケットに入れることをモットーとして生まれた文庫である。学術は少年の心を養い、成年の心を満たす。その学術がポケットにはいる形で、万人のものになることは、生涯教育をうたう現代の理想である。

こうした考え方は、学術を巨大な城のように見る世間の常識に反するかもしれない。また、一部の人たちからは、学術の権威をおとすものと非難されるかもしれない。しかし、それはいずれも学術の新しい在り方を解しないものといわざるをえない。

学術は、まず魔術への挑戦から始まった。やがて、いわゆる常識をつぎつぎに改めていった。学術の権威は、幾百年、幾千年にわたる、苦しい戦いの成果である。こうしてきずきあげられた城が、一見して近づきがたいものにうつるのは、そのためである。しかし、学術の権威を、その形の上だけで判断してはならない。その生成のあとをかえりみれば、その根は常に人々の生活の中にあった。学術が大きな力たりうるのはそのためであって、生活をはなれた学術は、どこにもない。

開かれた社会といわれる現代にとって、これはまったく自明である。生活と学術との間に、もし距離があるとすれば、何をおいてもこれを埋めねばならない。もしこの距離が形の上の迷信からきているとすれば、その迷信をうち破らねばならぬ。

学術文庫は、内外の迷信を打破し、学術のために新しい天地をひらく意図をもって生まれた。文庫という小さい形と、学術という壮大な城とが、完全に両立するためには、なおいくらかの時を必要とするであろう。しかし、学術をポケットにした社会が、人間の生活にとってより豊かな社会であることは、たしかである。そうした社会の実現のために、文庫の世界に新しいジャンルを加えることができれば幸いである。

一九七六年六月　　　　野間省一